A avaliação educacional
no Brasil:
aspectos históricos e sociais

SÉRIE AVALIAÇÃO EDUCACIONAL

Rita de Cássia Turmann Tuchinski

A avaliação educacional no Brasil:

aspectos históricos e sociais

Rua Clara Vendramin, 58 . Mossunguê
CEP 81200-170 . Curitiba . PR . Brasil
Fone: (41) 2106-4170
www.intersaberes.com
editora@intersaberes.com

Conselho editorial
Dr. Alexandre Coutinho Pagliarini
Drª Elena Godoy
Dr. Neri dos Santos
Mª Maria Lúcia Prado Sabatella

Editora-chefe
Lindsay Azambuja

Gerente editorial
Adriane Nunes Wenger

Assistente editorial
Daniela Viroli Pereira Pinto

Preparação de originais
Fabrícia E. de Souza

Edição de texto
Palavra do Editor

Capa
Sílvio Gabriel Spannenberg

Projeto gráfico
Bruno Palma e Silva (*design*)
Torychemistry/Shutterstock (imagem)

Diagramação
Kelly Adriane Hübbe

Iconografia
Regina Claudia Cruz Prestes

1ª edição, 2024.

Foi feito o depósito legal.

Informamos que é de inteira responsabilidade da autora a emissão de conceitos.

Nenhuma parte desta publicação poderá ser reproduzida por qualquer meio ou forma sem a prévia autorização da Editora InterSaberes.

A violação dos direitos autorais é crime estabelecido na Lei n. 9.610/1998 e punido pelo art. 184 do Código Penal.

Dados Internacionais de Catalogação na Publicação (CIP)
(Câmara Brasileira do Livro, SP, Brasil)

Tuchinski, Rita de Cássia Turmann
    A avaliação educacional no Brasil : aspectos históricos e sociais / Rita de Cássia Turmann Tuchinski. -- Curitiba, PR : InterSaberes, 2024. -- (Série avaliação educacional)

    Bibliografia.
    ISBN 978-85-227-0771-3

    1. Aprendizagem – Avaliação 2. Avaliação educacional – Brasil I. Título. II. Série.

23-170408   CDD-371.260981

Índices para catálogo sistemático:
1. Brasil : Avaliação educacional : Aprendizagem : Educação   371.260981

Cibele Maria Dias – Bibliotecária – CRB-8/9427

Sumário

Prefácio, 9
Apresentação, 11
Como aproveitar ao máximo este livro, 13
Introdução, 17

1   Contexto histórico da avaliação, 20
1.1   Conceito de avaliação, 21
1.2   Um pouco da história da avaliação, 22
1.3   Relação entre sociedade, educação e avaliação, 25

2   As atuais políticas públicas de educação no Brasil, 38
2.1   Trajetória histórica das políticas educacionais no Brasil, 39
2.2   Políticas públicas e avaliação da aprendizagem, 44
2.3   Diversidade cultural e cidadania como problemática da sociedade, 48

3 Avaliação na legislação brasileira, 56

3.1 O que é avaliação?, 57
3.2 Avaliação na LDB e na BNCC, 60
3.3 Dinâmica da avaliação no ensino-aprendizagem, 68
3.4 Avaliação nas diferentes etapas de ensino, 71

4 Avaliação no ensino, 84

4.1 Modalidades de avaliação, 85
4.2 Avaliação da aprendizagem e concepções pedagógicas, 91
4.3 Avaliação como forma de inclusão, 96
4.4 Inter-relação da avaliação com componentes curriculares da escola, 100

5 Avaliação e metodologia, 110

5.1 A avaliação e a relação com diferentes metodologias de ensino, 111
5.2 Métodos de avaliação, 115
5.3 Projetos educativos e múltiplas dimensões da formação humana, 116

6 Relações entre avaliação, educação e trabalho, 130

6.1 Avaliação como processo social, 131
6.2 Relação entre avaliação e trabalho, 134
6.3 Instrumentos de avaliação e função do professor, 141

Considerações finais, 151
Referências, 153
Bibliografia comentada, 163
Respostas, 165
Sobre a autora, 167

Primeiramente, agradeço a todos aqueles que me ajudaram a enxergar e a construir, de maneira positiva, uma visão ampla sobre a avaliação educacional.

Agradeço especialmente à professora Dinamara Pereira Machado, que sempre acreditou no meu potencial e me incentivou a sonhar grande. Sua visão e liderança me inspiraram a buscar a excelência e a fazer a diferença no mundo da educação.

Também agradeço à professora Gisele do Rocio Cordeiro, cuja dedicação à educação é um exemplo para todos nós.

Agradeço, ainda, a todos os meus professores, colegas de trabalho e amigos, os quais me apoiaram e me ajudaram a crescer profissionalmente.

E, finalmente, agradeço a todos os leitores, que compartilharão comigo esta jornada. Espero que este livro seja um espaço de reflexão e crescimento para todos nós.

Prefácio

É com muito prazer que escrevo o prefácio deste livro da profª. Rita Turmann. Para mim, é uma honra muito grande, pois a Rita é uma daquelas amigas-irmãs que a gente encontra na vida por meio do trabalho. Graças a esse relacionamento, tive o prazer de ler seu livro em primeira mão.

Historicamente, o ato de avaliar está presente em nosso dia a dia, pois avaliar é, antes de mais nada, uma ação relacionada ao julgamento que fazemos dos outros e de nós mesmos, nas mais diferentes situações e circunstâncias. E como a escola faz parte da vida, é nesse ambiente onde mais ouvimos falar em avaliação.

Para compreendermos a avaliação no ambiente escolar, é necessário que conheçamos antes os aspectos históricos e sociais que permeiam a avaliação educacional no Brasil e sua trajetória até aqui. Por isso a importância desta obra, que visa contextualizar a educação e o processo de avaliação existentes em nosso país.

Embora ainda haja uma concepção extremamente tradicional com relação à avaliação e à educação como um todo no Brasil, é preciso compreender que a avaliação deve ser um ato amoroso e democrático, capaz de permitir o acompanhamento do desenvolvimento e da aprendizagem do estudante, bem como de indicar os ajustes no encaminhamento pedagógico realizado pelo docente.

Esta obra foi estruturada considerando-se a questão da formação de professores e a necessidade de se repensar as práticas avaliativas. Nesse sentido, são indicadas leituras necessárias sobre a relação entre educação, avaliação e sociedade. Ciente da importância desse tema para o desenvolvimento do processo de ensino e aprendizagem, a autora organizou este material buscando trazer novos conhecimentos e provocar reflexões sobre a função pedagógica da avaliação, de modo que seja percebida como um poderoso processo que pode intervir positiva ou negativamente na aprendizagem dos educandos.

De maneira simples e didática, a autora busca fazer com que professores e futuros professores desenvolvam um olhar mais sensível, abrangente e aguçado, superando o entendimento de uma avaliação classificatória e descontextualizada, pois só assim poderão compreender o significado do desenvolvimento e da aprendizagem do estudante, processos que estarão em construção contínua.

Espero que a leitura a seguir possa envolver a todos os que se candidatam ao trabalho no campo da educação, compondo, assim, um grupo capaz de compreender e defender uma prática avaliativa comprometida com uma concepção emancipatória de educação.

Boa leitura!

Thaís Cristina Lacortt Ferrari

Especialista em EaD e as Novas Tecnologias da Educação pelo Centro Universitário Unifael
e professora do curso de Pedagogia da mesma instituição.

Apresentação

Esta obra consolida a ideia da avaliação como processo construtivo de um novo fazer pedagógico, pautado em teorias e práticas pedagógicas libertadoras, com ênfase no processo de construção da aprendizagem. A avaliação escolar não é meramente técnica, mas um processo que envolve o ser humano em sua totalidade, em que a mediação pedagógica é indispensável.

Optar por uma avaliação exige que se redesenhe o tipo de sociedade que se quer construir e de ser humano que ser quer formar, pois formamos para a sociedade, para o mundo adulto, para o mundo do trabalho. A ênfase dada à avaliação como distanciamento de uma prática avaliativa autoritária, classificatória, padronizada e burocrática aproxima as concepções de avaliação diagnóstica, de Luckesi, e de avaliação formativa, de Perrenoud.

Nas pedagogias preocupadas com a transformação, a avaliação é utilizada não como um instrumento disciplinador de condutas cognitivas e sociais, mas como um mecanismo de diagnóstico da situação e de identificação de novos rumos da aprendizagem.

No primeiro capítulo, traçaremos um panorama geral dos aspectos históricos e sociológicos da avaliação no âmbito educacional, apresentando seu conceito e contextualizando histórica e sociologicamente a avaliação no segmento educacional e na sociedade.

No segundo capítulo, abordaremos o processo de avaliação no Brasil, juntamente com as políticas públicas educacionais, que se constituem em ações governamentais cuja finalidade consiste em assegurar os direitos educacionais para a sociedade.

No terceiro capítulo, descreveremos as diferentes perspectivas avaliativas desenvolvidas nas escolas. Analisaremos os processos de ensino e aprendizagem que se desenrolaram no país a partir da Constituição Federal de 1988. Destacaremos algumas das principais questões que se fizeram e ainda se fazem presentes no cenário educacional brasileiro. Também enfocaremos a avaliação educacional com base nas principais legislações brasileiras.

No quarto capítulo, examinaremos a natureza das práticas avaliativas na interpelação entre currículo e superação da exclusão, em busca de práticas inclusivas que respeitem tempos e ritmos de aprendizagem de cada estudante.

No quinto capítulo, trataremos da avaliação no contexto educacional e, ainda, como dimensionadora da formação humana.

Por fim, no sexto e último capítulo, discutiremos como a educação é vista como um meio para promover mudanças sociais e acesso às oportunidades de desenvolvimento. Veremos a relação entre trabalho e educação como atividades essenciais para a existência humana. Também teremos como foco a responsabilidade social, especialmente no que se refere à construção, à socialização e ao desenvolvimento do conhecimento e à prática social da formação humana.

Boa leitura!

Como aproveitar ao máximo este livro

Empregamos nesta obra recursos que visam enriquecer seu aprendizado, facilitar a compreensão dos conteúdos e tornar a leitura mais dinâmica. Conheça a seguir cada uma dessas ferramentas e saiba como estão distribuídas no decorrer deste livro para bem aproveitá-las.

Introdução do capítulo. Logo na abertura do capítulo, informamos os temas de estudo e os objetivos de aprendizagem que serão nele abrangidos, fazendo considerações preliminares sobre as temáticas em foco.

Importante! Algumas das informações centrais para a compreensão da obra aparecem nesta seção. Aproveite para refletir sobre os conteúdos apresentados.

Síntese. Ao final de cada capítulo, relacionamos as principais informações nele abordadas a fim de que você avalie as conclusões a que chegou, confirmando-as ou redefinindo-as.

Atividades de autoavaliação. Apresentamos estas questões objetivas para que você verifique o grau de assimilação dos conceitos examinados, motivando-se a progredir em seus estudos.

Atividades de aprendizagem. Aqui apresentamos questões que aproximam conhecimentos teóricos e práticos a fim de que você analise criticamente determinado assunto.

Bibliografia comentada. Nesta seção, comentamos algumas obras de referência para o estudo dos temas examinados ao longo do livro.

Introdução

O ato de avaliar está presente no cotidiano de todos nós. É uma ação relacionada ao julgamento que fazemos dos outros e de nós mesmos, nas mais diversas situações.

Você já parou para pensar que utilizamos a avaliação em praticamente todas as horas de nossa vida? Quando você acorda, avalia se vai tomar café ou não e qual roupa vai usar para ir trabalhar. Olha pela janela e avalia o tempo, se tem sol, se está chovendo, se está confortável ou não para você. Para ir ao trabalho, você pode avaliar se irá de carro, de ônibus, de bicicleta ou andando. E, durante o trajeto, você avalia outras pessoas, o trânsito... Enfim, acho que você já conseguiu entender o quanto a avaliação se faz presente em nosso dia a dia, não é mesmo?

Quando pensamos em escola, o termo *avaliar* tem sido comumente associado a fazer prova, atribuir notas, repetir ou passar de ano. No senso comum, a educação é idealizada como transmissão e memorização de informações prontas, e o estudante é tido como um ser receptivo, que apenas recebe os conhecimentos que o professor detém. Em muitas escolas de nosso país, a realidade ainda é aquela em que se avalia para atribuir nota. E isso está errado? Não. Mas deveria ser o único objetivo? Também não. Para mudar esse cenário, conhecer mais sobre avaliação, educação e sociedade é o primeiro passo. A prática da avaliação da aprendizagem está permeada de sentidos e significados. Autores como Martins, Bonesi, Souza, Miquelante, entre outros, discorrem sobre estudos voltados às diferentes concepções de avaliação da aprendizagem. Entender como a avaliação é provocativa e como desafia a sociedade a dialogar e refletir sobre o objeto do conhecimento, com vistas a desenvolver ações educativas, é primordial para o sucesso da construção da aprendizagem.

A educação deve ser vista como um meio para promover mudanças sociais e garantir acesso às oportunidades de desenvolvimento. Por isso, compreender como se dão as relações e dinâmicas sociais que orientam a educação se torna cada vez mais importante. Leis e políticas educacionais que regulam a educação devem se basear nesses conhecimentos, buscando propiciar o acesso à educação a todos os grupos da sociedade. Além disso, precisamos entender como a educação se relaciona com as estruturas sociais e como pode ser usada para garantir a igualdade de oportunidades e direitos para todos os membros da sociedade.

Vamos lá, é hora de aprender mais!

capítulo 1

Contexto histórico da avaliação

Historicamente, a avaliação faz parte de nosso cotidiano. Avaliar, certamente, é uma das atividades mais antigas da humanidade; é uma ação relacionada ao julgamento que fazemos dos outros e de nós mesmos, nas mais diversas situações com que nos deparamos. Tendo isso em vista, devemos observar que, ao longo dos tempos, o significado atribuído à avaliação tem sido bastante diverso.

Neste capítulo, traçaremos um panorama geral dos aspectos históricos e sociológicos da avaliação no âmbito educacional, apresentando seu conceito e contextualizando histórica e sociologicamente a avaliação no segmento educacional e na sociedade.

1.1
Conceito de avaliação

Nós, seres humanos, somos uma espécie inacreditavelmente crítica. Nós nos autoavaliamos e avaliamos tudo a nossa volta – pessoas, estilo, trabalho, escola, comida, casas etc. – o tempo todo. Avaliar é uma atitude trivial, faz parte de nossa essência. Portanto, construímos nossos próprios parâmetros, atribuímos valores, determinamos se algo é bom ou ruim, certo ou errado.

Conforme o Dicio – Dicionário Online de Português, o significado de *avaliação* é: "Ato de avaliar, de mensurar ou determinar o valor, o preço, a importância de alguma coisa" (Avaliações, 2023). Em sua etimologia, *avaliar* originou-se do latim *a + valere*, que significa "atribuir valor e mérito a determinado objeto". Assim, o ato de avaliar consiste objetivamente em atribuir um juízo de valor a um processo, para a aferição da qualidade de seu resultado. *Avaliar* também tem o significado de "julgar", "estabelecer um veredicto acerca de algo ou alguém".

Podemos definir *avaliação* como um processo de julgamento, um juízo de valor sobre ideias, concepções, metodologias, materiais etc. realizado com determinada finalidade, por meio de uma coleta sistemática de evidências pelas quais se determinam mudanças nos educandos e na forma como ocorrem.

O conceito de *avaliação* está relacionado com a ação e o efeito de *avaliar*, que é um verbo. Luckesi (2002, p. 81) afirma que "a avaliação é um julgamento de valor sobre manifestações relevantes da realidade, tendo em vista uma tomada de decisão". Para Vasconcellos (1994a, p. 43), avaliação é "um processo abrangente da existência humana, que implica uma reflexão crítica sobre a prática, no sentido de captar seus avanços, suas resistências, suas dificuldades e possibilitar uma tomada de decisão sobre o que fazer para superar os obstáculos".

Nesse sentido, podemos afirmar que o ato de avaliar está presente em todas as ações do ser humano, estabelecendo um julgamento de valor para que possamos definir critérios para tomar decisões.

1.2
Um pouco da história da avaliação

Estamos frequentemente nos autoavaliando, somos avaliados a todo momento e utilizamos a avaliação o tempo todo. Isso porque a avaliação é algo que está presente na trajetória da humanidade desde a Pré-História. A avaliação, como comumente a conhecemos hoje nas escolas, decorre de procedimentos seletivos praticados ao longo dos séculos.

No início do século XX, Edward L. Thorndike, psicólogo estadunidense, pesquisou o comportamento animal e estudou a forma de aprendizagem adulta. Com suas publicações, tiveram início as primeiras aplicações da psicologia em aulas de aritmética, álgebra, leitura e escrita, isto é, foram criados testes educacionais para medir mudanças de comportamento das crianças. Desse modo, estabeleceu-se a avaliação da aprendizagem, ou avaliação do rendimento escolar, dando origem aos testes padronizados. A partir da década de 1970, Michael Scriven e Benjamin Bloom começaram a defender a ideia de que a avaliação desempenha vários papéis, ainda que com um único objetivo: apontar o valor ou o mérito do "objeto" avaliado.

As concepções de avaliação, em nosso país, devem ser analisadas de acordo com nossa colonização. Luckesi (2010) destaca que a avaliação é tida como sinônimo de provas e exames desde 1599, quando foi trazida para o Brasil pelos jesuítas. Segundo o autor, "tais práticas já estavam inscritas nas pedagogias dos séculos XVI e XVII, no processo de emergência e cristalização da sociedade burguesa, e perduram ainda hoje" (Luckesi, 2005a, p. 22). Historicamente, podemos identificar três tipos de pedagogia: jesuítica, comeniana e da sociedade burguesa.

A **pedagogia jesuítica** foi desenvolvida no século XVI e tinha por desígnio efetivar a hegemonia católica, ou seja, o objetivo era que a religião católica fosse predominante no Brasil. Os jesuítas construíram um modelo de ensino baseado em exames e provas, bem como na competição entre alunos, no controle e na vigilância. Além disso, eram extremamente exigentes com a didática, focando sempre a repetição e a memorização dos conteúdos (Aranha, 2006). Os alunos eram castigados ou premiados de acordo o rendimento escolar; havia castigos físicos. O professor era considerado o "dono", o detentor de todo o conhecimento e transmissor dos conteúdos, e nesse cenário só cabia aos alunos obedecer ao professor em todas as circunstâncias.

A avaliação também é encontrada na **pedagogia comeniana**, que foi resultado dos ensinamentos de Comênio, no século XVII. Nessa pedagogia, os professores eram incentivados a se utilizarem do medo como forma de manter a atenção e o foco dos alunos. Assim, "eles aprenderão com muita facilidade, sem fadiga e com economia de tempo" (Luckesi, 2005a, p. 23). O que predomina, o que realmente importa, é a nota.

> **IMPORTANTE!**
>
> Jan Amos Komensky (João Amós Comênio) defendia uma educação para a vida cotidiana, com a sistematização de todos os conhecimentos e o estabelecimento de um sistema universal de educação. Ele sustentou a ciência ao mesmo tempo que exaltava a majestade divina. Uma de suas principais obras, *Didactica Magna* (1628-1632), expõe esses princípios e marca o início da sistematização da pedagogia e da didática no Ocidente. Para saber mais, acesse:
>
>> PARANÁ. Secretaria da Educação. **Organização do trabalho pedagógico**: pensadores da educação – Comenius. Disponível em: <http://www.gestaoescolar.diaadia.pr.gov.br/modules/conteudo/conteudo.php?conteudo=314>. Acesso em: 22 jun. 2023.

A **pedagogia da sociedade burguesa** aperfeiçoou ainda mais as estruturas de controle das escolas. Ela determinava que seus interesses ideológicos fossem seguidos e, assim, excluía a maioria da população. Dessa maneira, a escola passou a ser um espaço de supressão, com práticas excludentes, como a dos exames, que visava classificar os alunos em *bons* ou *ruins*.

> A escola burguesa se expressa a partir de três perspectivas: a "escola tradicional", que é de cunho liberal e revolucionária na medida em que sintetiza os anseios de uma classe ascendente; a "escola nova" também de cunho liberal, porém conservadora, pois defende as posições de uma classe dominante; e as "pedagogias contemporâneas" que traduzem o pensamento de uma classe hegemônica em crise. (Almeida, 2010, p. 63)

É perceptível que diferentes momentos históricos determinaram comportamentos e ações que interferiram nas concepções de educação adotadas pela escola, principalmente no que tange ao processo de avaliação, pois ele exige a tomada de decisão e constrói-se com base em algum modelo ou referencial existente no meio cultural.

1.3
Relação entre sociedade, educação e avaliação

A educação pode ser enquadrada como um fenômeno social, vinculado aos diversos aspectos de uma determinada sociedade. Segundo Érika Dias e Fátima Cunha Ferreira Pinto (2019, p. 449), "o ato de educar é um processo constante na história de todas as sociedades, não é o mesmo em todos os tempos e lugares, e é, em sua essência, um processo social".

Partindo-se dessa premissa, a educação se constitui em um processo contínuo na história de todas as sociedades, mas que não se processa da mesma forma em todos os lugares. Podemos considerar que

> A educação é, portanto, um processo social que se enquadra numa certa concepção de mundo, concepção esta que estabelece os fins a serem atingidos pelo processo educativo em concordância com as ideias dominantes numa dada sociedade. A educação não pode ser entendida de maneira fragmentada, ou como uma abstração válida para qualquer tempo e lugar, mas, sim, como uma prática social, situada historicamente, numa determinada realidade. (Dias; Pinto, 2019, p. 449)

Logo, podemos afirmar que a educação se encontra presente em todos os aspectos de uma sociedade. A relação entre sociedade e educação vem sendo discutida por muitos autores ao longo da história e sob várias abordagens. Émile Durkheim, por exemplo, conforme Oliveira (2015), "acreditava que a sociedade seria mais beneficiada pelo processo educativo. Para ele, 'a educação é uma socialização da jovem geração pela geração adulta'". Quanto mais eficiente for o processo, melhor será o desenvolvimento da comunidade em que a escola estiver inserida.

Para o sociólogo estadunidense Talcott Parsons (1964, citado por Buxton; Turner, 2019), a educação constitui a base da formação e da manutenção dos sistemas sociais, e o equilíbrio é o elemento fundamental para sua concretização. Parsons, divulgador da obra de Durkheim, observa que a educação, entendida como socialização, é o mecanismo básico de constituição dos sistemas sociais e de manutenção e perpetuação destes. Ele destaca que, sem a socialização, o sistema social é ineficaz para manter-se integrado, para preservar sua ordem, seu equilíbrio e para conservar seus limites. O equilíbrio é, assim, o fator fundamental do sistema social e, para que este sobreviva, é necessário que os indivíduos que nele ingressam assimilem e internalizem os valores e as normas que regem seu funcionamento.

> **IMPORTANTE!**
> Tanto Durkheim como Parsons concebem a educação como um elemento para a conservação e a manutenção da ordem social.

De forma divergente ao exposto, destaca-se a obra de John Dewey e Karl Mannheim, os quais conceituam a educação como elemento de transformação da sociedade por meio do indivíduo, pois, para Dewey (citado por Noé, 2000, p. 22), "a escola é definida como uma microcomunidade democrática".

Já Mannheim vislumbra a educação como uma técnica social, que tem como finalidade controlar a natureza e a história do homem e da sociedade de uma perspectiva democrática. Para ele, a educação pode ser definida como

> O processo de socialização dos indivíduos para uma sociedade harmoniosa, democrática, porém controlada, planejada, mantida pelos próprios indivíduos que a compõem. A pesquisa é uma das técnicas sociais necessárias para que se conheçam as constelações históricas específicas. O planejamento é a intervenção racional, controlada nessas constelações para corrigir suas distorções e seus defeitos. O instrumento que por excelência põe em prática os planos desenvolvidos é a Educação. (Mannheim, 1971, p. 34, tradução nossa)

Logo, podemos perceber que existem visões diversas no âmbito sociológico sobre a função social da educação. Apesar disso, é possível identificar um ponto em comum: a educação se constitui em um processo de transmissão cultural no sentido amplo do termo (valores, normas, atitudes, experiências, imagens, representações) cujo intuito é a reprodução do sistema social (Noé, 2000).

Nesse sentido, podemos afirmar que a avaliação cumpre uma função social conforme o objetivo e o contexto em que se insere. Segundo Chueiri (2008), há quatro categorias de análise para caracterizar o papel social da avaliação escolar: a prática da **pedagogia tradicional**, a da **pedagogia tecnicista**, a da **pedagogia classificatória** e a da **pedagogia qualitativa**, as quais descreveremos a seguir.

A avaliação na pedagogia tradicional

Para melhor compreendermos a pedagogia tradicional, devemos nos reportar ao século XVI, quando essa modalidade se estabeleceu como prática pedagógica. Nesse contexto, a avaliação se dava por meio de exames e provas, em que os indivíduos eram examinados ou provados em seus conhecimentos. Tais práticas eram empregadas em colégios católicos da ordem jesuítica e em escolas protestantes. Conforme Luckesi (2003, p. 16), "A tradição dos exames escolares, que conhecemos hoje, em nossas escolas, foi sistematizada nos séculos XVI e XVII, com as configurações da atividade pedagógica produzidas pelos padres jesuítas (séc. XVI) e pelo Bispo John Amós Comênio (fim do séc. XVI e primeira metade do século XVII)".

A partir das revoluções burguesas que ocorreram na Europa nos séculos XVII e XVIII, a burguesia ascende e se consolida socialmente. Para se manter no poder, recorre ao trabalho e ao estudo como forma de garantir o *status* social que havia conquistado. É nesse contexto que a prática de exames e provas atinge seu apogeu. Com o desenvolvimento do capitalismo como sistema econômico, os exames e as provas passaram a ser as peças-chave para a consolidação e a manutenção do sistema, como bem evidencia Afonso (2000, p. 30):

É, portanto, ao longo do século XIX que se assiste à multiplicação de exames e diplomas, pondo em evidência o contínuo controle por parte do Estado dos processos de certificação. Como Karl Marx observou, o exame passa a mediar as relações mais amplas da cultura com o Estado, constituindo-se num vínculo objetivo entre o saber da sociedade civil e o saber do Estado.

Portanto, a avaliação no contexto da pedagogia tradicional objetiva a aplicação de técnicas que contemplam exames e provas como forma de mensurar o conhecimento adquirido pelo indivíduo. Tais práticas ainda resistem e persistem atualmente, associadas com técnicas diferenciadas de avaliação.

A avaliação na pedagogia tradicional tem sido historicamente baseada em métodos e práticas que enfatizam a mensuração do conhecimento adquirido pelos alunos por meio de testes, provas escritas e notas. Geralmente, esses instrumentos são aplicados de forma individual e padronizada, para classificar e comparar o desempenho dos alunos, a fim de verificar se eles adquiriram os conhecimentos e habilidades esperados para certo período de ensino. Essa categoria de avaliação determina, pois, o nível de aprendizado dos alunos e, muitas vezes, é um fator importante na promoção ou reprovação. Valoriza a memorização e a reprodução de informações, já que as provas geralmente são compostas por questões de múltiplas respostas, de preenchimento de lacunas ou perguntas com respostas curtas. A ênfase está na quantidade de conhecimento retido, e não na compreensão profunda, no pensamento crítico ou nas habilidades práticas.

A avaliação na pedagogia tecnicista

A pedagogia tecnicista tem como pressuposto a medição do conhecimento adquirido pelo indivíduo; assim, as práticas pedagógicas aplicadas têm como função medir o conhecimento absorvido pelo aluno.

A ideia de avaliar o sujeito dessa forma teve origem no início do século XX, nos Estados Unidos, com os estudos de Thorndike sobre testes educacionais. Esses estudos prosperaram e tiveram como resultado a criação de testes padronizados para medir habilidades e aptidões dos alunos. Como explica Chueiri (2008, p. 55), "essa possibilidade de mensuração de comportamentos por meio de testes propiciou a expansão de uma cultura dos testes e medidas na educação".

Nessa perspectiva, a avaliação visa à comprovação do rendimento do indivíduo por meio da fundamentação em dados comportamentais predefinidos, separando o processo de ensino do resultado obtido. Essa separação traz à tona a reflexão sobre a confiabilidade dos dados educacionais e os objetivos traçados pelos educadores ao transmitir determinado conhecimento. Conforme expõe Chueiri (2008, p. 56, grifo do original),

> Segundo Hadji (2001), *medir significa atribuir um número a um acontecimento ou a um objeto, de acordo com uma regra logicamente aceitável* (p. 27). Para esse autor, a ideia de que a avaliação é uma medida dos desempenhos dos alunos encontra-se fortemente enraizada na mente dos professores e, frequentemente, na mente dos alunos, e a dificuldade para a superação dessa concepção reside na suposta "confiabilidade" das medidas em educação e nos parâmetros "objetivos" utilizados pelos professores para atribuir notas às tarefas dos alunos:
>
> [...]
>
> Desse modo, para o referido autor, reduzir a avaliação à medida ou mais especificamente à prova implica aceitar a confiabilidade da prova como instrumento de medida e desconsiderar que a subjetividade do avaliador pode interferir nos resultados da avaliação.

Portanto, essa modalidade de avaliação traz em sua essência a medição dos resultados sem considerar o processo de ensino, o que reflete uma sociedade que não valoriza o detentor do processo, que se perfaz no educador.

A pedagogia tecnicista enfatiza a transmissão de conhecimentos e habilidades por meio de técnicas e métodos de ensino seguros. Nesse contexto, a avaliação busca verificar a aquisição de conhecimentos e habilidades predeterminados, de forma objetiva e quantitativa. Os exercícios são seguidos de maneira progressiva, começando pelos conceitos mais simples e progredindo para os mais complexos. Os alunos têm um tempo determinado para realizar uma prova, e tudo culmina em uma média final, aprovando, ou não, o aluno.

A avaliação na pedagogia classificatória

Outra concepção que se apresenta é a que se refere à avaliação classificatória, que busca regular e ordenar os educandos por seu desempenho. Segundo Perrenoud (1999, p. 11), "A avaliação é tradicionalmente associada, na escola, à criação de hierarquias de excelência. Os alunos são comparados e depois classificados em virtude de uma norma de excelência, definida em absoluto ou encarnada pelo professor e pelos melhores alunos".

Logo, a certificação assume uma função essencial no contexto social em que a avaliação se insere, já que é pelo diploma que o aluno se destaca e se integra, sem, no entanto, considerar o processo de ensino-aprendizagem e os conteúdos apreendidos em sua trajetória escolar.

A avaliação na pedagogia classificatória compreende uma abordagem tradicional aplicada em muitos sistemas educacionais. Nesse modelo, o objetivo é classificar os alunos com base em seu desempenho conforme um conjunto de critérios predeterminados. São aplicados testes e provas escritas nos quais os alunos são apreciados e recebem uma nota que representa seu nível de conhecimento sobre determinado conteúdo. Essas notas são geralmente usadas para classificar os estudantes em diferentes níveis de habilidade ou para selecionar os melhores alunos para avançar nos níveis seguintes do sistema educacional.

A avaliação na pedagogia qualitativa

Como reação à pedagogia tradicional, reguladora e classificatória, a partir de 1960 surgiram críticas a essas técnicas de avaliação que se preocupam em medir e classificar os alunos sem levar em conta o processo de aprendizagem e os conteúdos aprendidos na trajetória acadêmica. Foi sob esse prisma que se concebeu a avaliação qualitativa, que traz em seu escopo novos paradigmas a serem considerados no contexto pedagógico. Como leciona Saul (1988, p. 45),

> Produziu-se um acelerado desenvolvimento do interesse sobre a perspectiva chamada de avaliação "qualitativa". Esse movimento deveu-se em grande parte ao reconhecimento de que os testes padronizados de rendimento não ofereciam toda a informação necessária para compreender o que os professores ensinavam e o que os alunos aprendem.

A busca pela integralidade do indivíduo passa a ser um dos grandes objetivos da avaliação, que vai além da mensuração de resultados ou de um *ranking* classificatório. Portanto,

> podemos entender que a função social do ensino não consiste em apenas promover e selecionar os "mais aptos" para a universidade, mas que abarca outras dimensões de personalidade. Quando a formação integral é a finalidade principal do ensino e, portanto, seu objetivo é o desenvolvimento de todas as capacidades da pessoa e não apenas as cognitivas, muitos dos pressupostos da avaliação mudam. (Zabala, 1998, p. 197)

Desse ponto de vista, são concebidas novas formas de pensar a avaliação, as quais superam as práticas até então vigentes. No entanto, podemos evidenciar que "a avaliação qualitativa se configura como um modelo em transição por ter como centralidade a compreensão dos processos dos sujeitos e da aprendizagem, o que produz uma ruptura com a primazia do resultado característico do processo quantitativo" (Chueiri, 2008, p. 59).

Desse modo, a avaliação na pedagogia qualitativa é uma abordagem que valoriza a compreensão e a interpretação do processo de aprendizagem dos alunos. Vai além da mera quantificação de resultados; busca compreender as particularidades, o desenvolvimento e as potencialidades individuais dos alunos, considerando conhecimentos prévios, experiências e contextos sociais. A avaliação não se restringe apenas a notas e provas, mas inclui uma variedade de métodos e instrumentos para colher informações sobre o desempenho dos alunos: observação direta, registros escritos, trabalhos em grupo, portfólios, diálogos e pensamentos. O intuito é fornecer aos professores uma visão abrangente de habilidades, competências e dificuldades dos alunos, o que permite uma intervenção pedagógica mais adequada e personalizada.

Por fim, podemos afirmar que a pedagogia qualitativa ainda está em construção – muito temos a avançar – e que ela se constitui em um importante passo para refletir sobre as práticas avaliativas que ainda persistem no âmbito educacional.

Síntese

Este primeiro capítulo teve como principal objetivo traçar um panorama geral dos aspectos históricos e sociológicos da avaliação no âmbito educacional. Apresentamos conceitos relevantes e contextualizamos histórica e sociologicamente a avaliação no segmento educacional e na sociedade.

Para tanto, inicialmente situamos o leitor na abordagem histórica da avaliação e destacamos que ela está presente em nossa história há muito tempo sem ao menos nos darmos conta disso.

Na sequência, vimos que a educação pode ser enquadrada como um fenômeno social vinculado aos diversos aspectos de uma sociedade sob o prisma de pensadores importantes, como Durkheim, Parsons e Dewey.

Para finalizar o capítulo, tratamos do papel social da avaliação nas pedagogias tradicional, tecnicista, classificatória e qualitativa.

Atividades de autoavaliação

1. Historicamente, o ato de avaliar está presente em nosso cotidiano. Avaliar, certamente, é uma das atividades mais antigas da humanidade, e essa ação está relacionada principalmente ao ato de:
   a) julgar.
   b) educar.
   c) ensinar.
   d) avaliar.
   e) mediar.

2. Em sua etimologia, *avaliar* originou-se do latim *a + valere*. O que o termo, então, significa?
   a) Dar nota, julgar.
   b) Avaliar, mensurar ou determinar o valor, o preço, a importância de alguma coisa.
   c) Construir a aprendizagem.
   d) Avaliar o homem como um todo.
   e) Na Grécia Antiga, *avaliar* fazia referência às guerras.

3. Como os professores eram incentivados a utilizar a avaliação na pedagogia comeniana?
   a) Os professores eram incentivados a aplicar o medo como forma de manter a atenção e o foco dos alunos.
   b) Os professores eram incentivados a utilizar o amor fraterno como forma de avaliação.
   c) Os professores eram incentivados a utilizar a avaliação como método formativo.

d) Os professores eram incentivados a empregar a avaliação como método de tortura.

e) Os professores eram incentivados a utilizar a avaliação qualitativa, desenvolvendo, assim, um processo de construção de aprendizagem mais abrangente.

4. Tem como pressuposto a medição do conhecimento adquirido pelo indivíduo; assim, as práticas pedagógicas aplicadas buscam medir o conhecimento absorvido pelo aluno.

    A qual pedagogia o trecho apresentado se refere?

    a) Pedagogia qualitativa.
    b) Pedagogia classificatória.
    c) Pedagogia tradicional.
    d) Pedagogia tecnicista.
    e) Pedagogia da escola nova.

5. A avaliação da pedagogia tradicional compreende a aplicação de técnicas que contemplam exames e provas. Qual é o objetivo da aplicação dessas técnicas?

    a) Saber o que o aluno já sabe, para trabalhar melhor o conteúdo.
    b) Reprovar o indivíduo.
    c) Emancipar o indivíduo como cidadão.
    d) Formar para a vida.
    e) Mensurar o conhecimento adquirido pelo indivíduo.

Atividades de aprendizagem

Questões para reflexão

1. É fato que a avaliação faz parte do processo escolar; contudo, ela vai muito além. Nossa vida está permeada por momentos de avaliação. Reflita e descreva em quais momentos de seu dia a dia você avalia e como isso ocorre.
2. Qual é o foco da avaliação na pedagogia comeniana?

Atividade aplicada: prática

1. Neste capítulo, vimos o papel social da avaliação nas diferentes pedagogias: tradicional, tecnicista, classificatória e qualitativa. Imagine-se como professor dos anos iniciais do ensino fundamental. A avaliação que você utilizaria em sala de aula se encaixa em qual pedagogia? Disserte sobre o tema, justificando sua tomada de decisão.

capítulo 2

As atuais políticas públicas de educação no Brasil

Ao que tudo indica, não resta dúvida do papel e da centralidade da avaliação como uma nova regulação das políticas educacionais. A forma como vem sendo utilizada, inclusive estimulada por organismos internacionais e nacionais, tem feito da avaliação um dos fatores mais importantes para o êxito da aprendizagem. Essa questão é importante e fundamental, já que não podemos conceber um sistema educacional que não tenha a avaliação como uma ferramenta preciosa. Contudo, o que se tem questionado são aspectos referentes ao sentido que a avaliação passou a ter como ferramenta que vincula o financiamento aos resultados, sem considerar o processo, sem levar em conta outras variáveis, como as condições de trabalho e a valorização do profissional da educação, o que inclui a formação inicial e continuada e o plano de cargos e salários, adotando-se a lógica do mercado, da ênfase nos resultados ou produtos dos sistemas educativos. Nesse contexto, a avaliação se configura como um instrumento de apoio às exigências mercadológicas.

A quase obsessão pela avaliação, pelo alcance ou não dos índices estipulados, vem pautando o trabalho pedagógico, modificando o papel do professor em sala de aula, podendo transformá-lo em mero aplicador de provas. A avaliação deve, sim, ocorrer, mas sem que isso represente o centro da educação e sem que a vida escolar seja atrelada aos resultados alcançados.

Neste capítulo, veremos como se configura o processo de avaliação no Brasil segundo as políticas públicas educacionais em vigor no país.

2.1
Trajetória histórica das políticas educacionais no Brasil

As políticas públicas educacionais se constituem em ações governamentais cuja finalidade é assegurar os direitos educacionais para toda a sociedade. Nesse sentido, podemos evidenciar:

As políticas públicas em Educação consistem em programas ou ações elaboradas em âmbito governativo que auxiliam na efetivação dos direitos previstos na Constituição Federal; um dos seus objetivos é colocar em prática medidas que garantam o acesso à Educação para todos os cidadãos. Nelas estão contidos dispositivos que garantem a Educação a todos, bem como a avaliação e ajuda na melhoria da qualidade do ensino no país. A partir dessa definição de políticas públicas educacionais, é preciso avaliar criticamente em que medida, no que se refere a direito à Educação, elas têm sido concretizadas, isto é, se de fato têm sido corporificadas. (Smarjassi; Arzani, 2021)

Assim, é necessário ponderar sobre o direito à educação para todos, distinguindo-o de outros direitos sociais, já que a obrigatoriedade escolar foi golpeada pelo próprio Estado, que não viabilizava a efetivação da meta emancipadora como premissa do direito à educação. Esse direito tem sido negligenciado nas escolas desde a década de 1970, quando já se ouvia falar da democratização do ensino e do compromisso com esse direito, seja pelos meios de avaliação altamente tradicionais e classificatórios, seja pela falta de professores formados ou espaço físico, entre outros aspectos.

O contexto em que se deu o processo da educação no Brasil traz à tona a discussão sobre a educação como medida inegociável e irrestrita no período de 1824 a 1988, quando da promulgação da última Constituição aprovada no país.

A primeira constituição promulgada após o período imperial, no ano de 1891, instituiu o regime federativo no texto constitucional, e a educação passou a ser discutida como projeto nacional com variações entre aspectos de centralização e descentralização do Estado que recaíram no âmbito das políticas educacionais, reforçando disparidades já presentes, refletindo a falta de coesão e unidade das políticas educacionais. Dentre as reformas do primeiro período republicano podemos citar, como aponta Nagle

(2001), a Reforma Benjamin Constant (Decreto nº 981, de 1890), a Reforma Epitácio Pessoa (Decreto nº 3.890, de 1901), a Lei Orgânica do Ensino Superior e Fundamental de 1911, a Reforma Maximiliano (Decreto nº 11.530, de 1915) e a Reforma Rocha Vaz (Decreto nº 16.782, de 1925). (Smarjassi; Arzani, 2021)

Essas reformas e leis tinham como objetivo regular o ensino público e o privado, estabelecer direitos e deveres de estudantes e professores, bem como determinar a organização administrativa do ensino. Também tratavam de assuntos como formação de professores, estabelecimento de critérios de ratificação e acesso ao ensino superior.

A **Reforma Rocha Vaz** foi uma das mais importantes, pois propunha um estatuto dos professores, fixando direitos e deveres para eles e uma melhor remuneração salarial. Essa reforma também procurou aprimorar a qualidade do ensino público e estabeleceu diretrizes mais claras de seleção de professores e de verificação de títulos acadêmicos. A lei da liberdade de ensino, promulgada em 1924, foi uma das primeiras tentativas de unificação das políticas educacionais, regulando o ensino público, privado e misto.

Mais tarde, na **Carta Constitucional de 1934**, podemos observar inovações em relação às constituições anteriores, com um capítulo inteiro dedicado à educação. As atribuições da União foram ampliadas, ficando sob sua responsabilidade a elaboração de diretrizes para a educação nacional e a construção de um plano nacional de educação e sua execução em todo o país.

Outro ponto interessante foi a criação do ensino primário obrigatório. Essa medida buscava garantir a todos os brasileiros um mínimo de conhecimento para o desenvolvimento profissional e para o exercício da cidadania.

A Constituição de 1934 também estabeleceu a autonomia das universidades e dos institutos superiores de ensino, que passaram a ter o direito de criar câmaras eleitorais para escolher diretores e conselhos. Essa medida foi importante para garantir a democracia e o livre pensamento nas instituições de ensino superior.

Em resumo, a Carta Constitucional de 1934 trouxe muitas inovações importantes para a educação brasileira, como o ensino primário e o ensino secundário obrigatórios, o ensino profissionalizante, a autonomia das universidades e a criação de um plano nacional de educação. Tais medidas contribuíram para o desenvolvimento da educação no país.

A **Emenda Constitucional n. 1, de 1969** (Brasil, 1969), reconheceu, em nível constitucional, a **educação como direito de todos e dever do Estado**, concretizando e explicitando legalmente o direito à educação. A emenda estabeleceu que os estados têm o dever de garantir que todos os cidadãos possam frequentar as escolas públicas e ter acesso a um ensino de qualidade. Ainda, definiu que a nenhum aluno pode ser negado o direito de frequentar a escola por conta de qualquer tipo de discriminação. Reforçou o direito à educação e fortaleceu os direitos dos estudantes de participarem de ações judiciais para obterem a igualdade racial e de gênero nas escolas.

É válido destacar que, desde 1940, a preocupação com a educação passou a ter um alcance mundial, e diversos países começaram a investir na educação como forma de desenvolver suas economias e melhorar a condição social de seus habitantes. Nesse sentido, foram criados programas de educação inclusiva para garantir que todos os cidadãos tivessem acesso a um ensino de qualidade, independentemente de origem, raça, gênero, credo religioso ou quaisquer outras características. Além disso, nesse mesmo período, os esforços para erradicar o analfabetismo passaram a ser considerados uma prioridade em todo o mundo, com o objetivo de garantir que as pessoas tivessem acesso ao conhecimento, tornando-se mais autônomas. Por fim, a educação passou a ser vista como um direito humano, que possibilita aos indivíduos as habilidades e o conhecimento necessários para a participação plena na vida social.

Por outro lado, com a ascensão do capitalismo em escala mundial, o neoliberalismo assumiu as rédeas da economia e reverberou um novo formato de educação, redefinido pela lógica de mercado, exercendo controle com a apresentação de metas, objetivos, produtos e resultados, tal como aplicado na economia.

Por conseguinte, a educação foi obrigada a se adaptar a essa nova lógica de mercado, de modo que a ênfase se deslocou para a obtenção de resultados imediatos, aumentando a competição entre alunos e escolas, a desigualdade socioeconômica e a desigualdade entre grupos. Ademais, o neoliberalismo promove a desregulamentação e a privatização dos sistemas educacionais, o que implica a desvalorização dos professores, o corte de gastos em recursos pedagógicos e o desenvolvimento de estruturas curriculares altamente seletivas, que ditam o que os alunos devem aprender e como devem aprender.

Essa nova lógica educacional tem gerado graves consequências para os alunos, pois reduz a aprendizagem a uma simples questão de nota, desvalorizando o papel dos professores e a importância da aquisição de conhecimento. Essa lógica permite que interesses privados influenciem a educação, tornando-a cada vez mais inacessível para aqueles em situação socioeconômica desfavorecida.

Dessa forma, é importante que as pessoas se mobilizem para lutar contra o neoliberalismo e a privatização da educação nesses moldes, buscando garantir o direito à educação para todos, independentemente de situação socioeconômica. É preciso que a educação seja vista como um direito fundamental e que atenda às necessidades de todos, de modo a assegurar o acesso à educação de qualidade para todos os cidadãos.

A **Constituição de 1988**, por sua vez, garante o direito à educação como um direito fundamental e estabelece que o Estado deve assegurar a todos o acesso à educação básica, gratuita e obrigatória. A Constituição prevê ainda que o Estado deve garantir a todos o direito à educação superior, à pesquisa científica, à cultura, à livre iniciativa e à livre associação.

Na Constituição de 1988, a Educação é contemplada como direito social fundamental (Art. 6°), público e subjetivo, sendo a educação básica considerada obrigatória; desse modo, é expressada como direito do cidadão e dever do Estado e da família. Essa declaração percorreu longo e árduo caminho para ser admitida como **direito social público subjetivo**, cuja origem remonta à Alemanha do final do século XIX. Trata-se de uma capacidade reconhecida ao indivíduo em decorrência de sua posição especial como membro da comunidade, que se materializa no poder de colocar em movimento normas jurídicas no interesse individual. Em outras palavras, o direito público subjetivo confere ao indivíduo a possibilidade de transformar a norma geral e abstrata contida em determinado ordenamento jurídico em algo que possua como próprio. (Smarjassi; Arzani, 2021, grifo do original)

A educação, portanto, é um direito fundamental que deve ser assegurado a todos, independentemente de classe social, raça, gênero ou religião. Deve ser garantido pelo Estado, o qual deve assegurar o acesso à educação básica, gratuita e obrigatória, bem como o acesso à educação superior, à pesquisa científica, à cultura, à livre iniciativa e à livre associação, como já mencionamos, pois é fundamental para o desenvolvimento de uma sociedade justa e igualitária.

2.2
Políticas públicas e avaliação da aprendizagem

A internacionalização da economia, a mundialização financeira e a globalização dos mercados acabaram por influenciar o sistema educacional. Havia esforços comprovados de desenvolvimento de novas formas e novos modelos de educação. Era possível notar, ainda, o desenvolvimento de um raciocínio demonstrativo da predominância dos modelos internacionais sobre os nacionais na compreensão de que há uma **cultura educacional mundial**, abordagem que assim pode ser definida: "No essencial, os proponentes desta perspectiva defendem que o desenvolvimento dos sistemas educativos nacionais e as categorias curriculares se explicam através de modelos universais de educação, de estado e de sociedade, mais do que através de fatores nacionais distintivos" (Dale, 2004, p. 425). Isso significa dizer que a educação, como um todo, está mais propensa a seguir modelos que já são predefinidos pela sociedade, apenas adaptando-os às realidades locais.

Atualmente, a educação nacional é frequentemente vista como parte de um sistema mais amplo de educação internacional, muitas vezes conhecido como *cultura educacional mundial*. Essa cultura é definida como um conjunto de princípios, ideias, práticas, técnicas, habilidades e competências globais que influenciam a educação internacional. Seu desenvolvimento tem sido impulsionado pelos avanços tecnológicos, que permitem aos educadores compartilhar conhecimentos e experiências e também trazem o aumento da globalização e da mobilidade acadêmica.

A cultura educacional mundial pode ser vista como um modelo de educação universal que transcende as fronteiras nacionais. Envolve a adoção de um conjunto comum de valores, práticas e normas educacionais, usados em todo o mundo para orientar o currículo, o ensino e a aprendizagem. Tende a influenciar a forma como os alunos se desenvolvem, bem como as práticas e os processos de avaliação empregados na educação.

O desenvolvimento dessa cultura é, muitas vezes, visto como uma tendência para maior homogeneidade na educação em nível global, com padrões curriculares similares a serem seguidos por todos os países. No entanto, é importante notar que a cultura educacional mundial pode ter o efeito oposto, ao permitir que os países mantenham as próprias identidades culturais e educacionais e seu sistema de ensino, enquanto avançam para um sentido de unidade educacional global.

É nesse contexto que se configura o sistema educacional brasileiro, buscando-se traçar padrões que seguem as diretrizes padronizadas de avaliação da aprendizagem. No início dos anos 1990, foi criado o Sistema Nacional de Avaliação da Educação Básica (Saeb), instituído pela Portaria n. 1.795, de 27 de dezembro de 1994, do Ministério da Educação e do Desporto (Brasil, 1994). Portanto, antes mesmo da promulgação da nova lei da educação nacional, já tinha sido definido um sistema nacional de avaliação. Esses aspectos evidenciam que a avaliação, como um sistema, deve servir como uma ferramenta de gestão das políticas educacionais; na realidade, a avaliação, na lógica do Estado gerencialista e avaliador, passa, juntamente com a gestão e o financiamento, a se constituir na nova regulação da educação. Logo, podemos delinear o seguinte:

> A partir da reforma do Estado brasileiro, a avaliação tem ganhado cada vez mais uma centralidade na educação, procurando vincular o financiamento dessa área aos resultados apresentados pelos exames externos, relacionando os currículos dos cursos às demandas apresentadas nas provas, indicando a estrutura dos Cursos de Formação de Professores, dentre outras ações. Ressalte-se que a avaliação não surge nesse momento, final do século XX e na primeira década do século XXI, mas sim que ganha nesse período maior destaque em função do surgimento daquilo que vem representando, ou seja, uma nova regulação da educação guiada pela lógica do mercado e pela transferência para a sociedade civil das responsabilidades sociais. (Maués, 2011, p. 1)

A avaliação passa a ser vista como um instrumento de regulação, uma vez que permite aos governos identificar e monitorar as características do sistema educacional. Essa monitorização torna, ainda, as tomadas de decisão mais assertivas, possibilitando a revisão das políticas educacionais e, consequentemente, o aprimoramento da qualidade dos serviços educacionais.

Além disso, a avaliação possibilita às instituições de ensino a compreensão do funcionamento dos sistemas e o aprimoramento contínuo dos processos. Por meio da avaliação, os gestores podem identificar pontos fortes e fracos dos sistemas educacionais e, assim, tomar decisões mais acertadas para torná-los mais eficazes.

A avaliação também contribui para a melhoria da qualidade do ensino, já que é possível mensurar o desempenho de professores, estudantes e instituições. Esses resultados podem ser utilizados para estabelecer metas de melhoria e incentivos para professores e alunos.

A avaliação possibilita, igualmente, o acompanhamento do desempenho dos alunos, para a identificação precoce de problemas educacionais e a adoção de medidas para solucioná-los.

Portanto, a avaliação é uma ferramenta fundamental para a implementação de políticas educacionais eficazes, que visem à melhoria da qualidade do ensino e ao acompanhamento do desempenho dos estudantes.

O debate sobre a qualidade na educação ganhou força principalmente com a Constituição Federal de 1988, que via nesse conceito a formação do cidadão. O governo brasileiro passou a reforçar a linha política já adotada a partir de meados dos anos 1990. Em 2007, foi criado o Plano de Desenvolvimento da Educação, respaldado pelo Decreto n. 6.094, de 24 de abril de 2007 (Brasil, 2007).

A qualidade na educação é entendida como a capacidade de acesso aos conteúdos e recursos necessários para que os alunos alcancem o sucesso acadêmico. O governo brasileiro vem investindo em recursos para aprimorar o ensino e permitir que os alunos tenham acesso aos melhores conteúdos e metodologias de ensino. Esse investimento se reflete em programas como o Fundo de Manutenção e Desenvolvimento da Educação Básica e de Valorização dos Profissionais da Educação (Fundeb), que destina recursos para melhorar a qualidade e a acessibilidade da educação. Outro programa importante é o Programa de Apoio ao Desenvolvimento Institucional, que destina recursos para ações de formação e capacitação de professores e melhoria de infraestrutura.

Além desses programas, o governo vem incentivando a criação de projetos que buscam a melhoria da qualidade da educação. O Plano Nacional de Educação (PNE) tem metas como a universalização do ensino fundamental e a melhoria do ensino médio e também contempla investimentos em pesquisa, tecnologia e inovação.

Por fim, cabe destacar que a qualidade na educação não depende apenas dos investimentos financeiros do governo, mas também de outros fatores, como o comprometimento dos professores, a qualificação dos alunos e o apoio dos pais. A melhoria da qualidade da educação é a soma de todos esses esforços.

2.3
Diversidade cultural e cidadania como problemática da sociedade

Outra questão a ser discutida no âmbito educacional diz respeito à diversidade cultural brasileira, fato que influencia direta e indiretamente o sistema educacional, tornando a padronização do sistema de avaliação um aspecto a ser ponderado.

Em uma população, a diversidade cultural pode ser identificada na língua, nos costumes e na história, por isso deve ser compreendida e valorizada na educação. A educação brasileira deve ser capaz de incluir e respeitar todas as diferentes culturas, para que os alunos se sintam compreendidos e aceitos. Logo, tal diversidade deve ser entendida como uma construção cultural, social e histórica das diferenças, sobrepujando as características biológicas humanas (Gomes, 2008).

Além disso, é necessário que haja a adaptação dos conteúdos e dos métodos de ensino, de modo a adequá-los às necessidades específicas de cada aluno. A avaliação deve ser mais diversificada, com critérios de desempenho que vão além da mera memorização e dos resultados objetivos.

A avaliação da aprendizagem toma maior expressão no final do século XXI, quando sua finalidade foi revisada, deslocando-se a ideia da avaliação do ensino para a aprendizagem. O poder da avaliação está relacionado ao que o educando aprende, não se perdendo de vista o que é ensinado.

A avaliação institucional desenvolveu-se no Brasil desde os anos 1970, prioritariamente nas instituições de ensino superior. A avaliação da aprendizagem deve promover o diálogo sobre as práticas de ensino, buscando entender o que e como os alunos aprenderam, o que interfere no processo de ensino-aprendizagem.

IMPORTANTE!

A avaliação da aprendizagem busca identificar as dificuldades de aprendizagem dos alunos, bem como as necessidades formativas, orientando ações que promovam o sucesso da aprendizagem. Com ela, é possível mensurar o desempenho dos alunos, a fim de verificar se os objetivos de aprendizagem foram alcançados.

A avaliação da aprendizagem possibilita, ainda, ao professor e aos alunos um conhecimento mais profundo acerca das habilidades, dos conhecimentos e das competências desenvolvidas durante o processo de ensino-aprendizagem, o que permite o ajuste, a melhoria e o aprofundamento da qualidade educacional.

O respeito à diversidade cultural localiza-se no campo legal, pois concerne ao direito de todos à educação, garantido no art. 205 da Constituição Federal de 1988. Não se trata, porém, de todos frequentarem a escola, mas de todos terem acesso e permanência em uma escola de qualidade, de excelência. É, portanto, direito de todos, sem exceção, de forma a atender às especificidades e particularidades de cada aluno. Nesse sentido, compreende-se que a avaliação e as práticas voltadas para a diversidade cultural deverão forjar a construção de uma escola que seja um espaço para o estabelecimento de uma rede de relações humanas. Um espaço de "voz", em que todos, todas, conhecimentos, saberes possam se fazer ouvir. Neste sentido, as avaliações deverão, portanto, priorizar situações a serem vivenciadas em pequenos ou grandes grupos, em que o educando possa manifestar o seu sentir, o seu pensar e o seu "*modus* fazer" e sentir-se como parte na construção de sua vida, seu destino e sua história. (Macedo et al., 2016, p. 9)

O respeito à diversidade cultural significa recriar espaços escolares inclusivos, projetos pedagógicos inclusivos, professores inclusivos e políticas públicas inclusivas. A escola e demais instituições educacionais devem promover ações que incentivem a diversidade cultural, como a realização de atividades extracurriculares que deem voz a alunos e comunidades. A partir daí, podemos construir um ambiente em que todos tenham oportunidade de expressar ideias, opiniões e cultura, contribuindo para o debate e a discussão de diversos assuntos.

Síntese

Este segundo capítulo teve por objetivo analisar o processo de avaliação no Brasil com base nas atuais políticas públicas de educação adotadas no país. Iniciamos com a abordagem da trajetória histórica das políticas educacionais no país, apresentando leis e emendas constitucionais que tratam da educação. Vimos que a qualidade na educação deve ser entendida como a capacidade de acesso aos conteúdos e recursos necessários para que os alunos alcancem o sucesso acadêmico. O governo brasileiro vem investindo em recursos para aprimorar o ensino e permitir que os alunos tenham acesso aos melhores conteúdos e metodologias de ensino.

Na sequência, tratamos do respeito à diversidade cultural brasileira e sua influência no sistema educacional, o que nos faz questionar amplamente a padronização do sistema de avaliação. Paralelamente, destacamos o quanto o processo de avaliação da aprendizagem vem se desenvolvendo com o passar do tempo, com a criação de leis que fundamentam a educação.

Atividades de autoavaliação

1. As políticas públicas educacionais se constituem em ações governamentais. Qual é a finalidade dessas políticas?
   a) Assegurar os direitos educacionais para a sociedade.
   b) Garantir o direito à educação a todo indivíduo que possa arcar com suas custas.
   c) Assegurar os direitos educacionais para que todos tenham acesso aos anos iniciais do ensino fundamental.
   d) Garantir o acesso de todos os trabalhadores à educação.
   e) Assegurar o direito à educação para todos aqueles que assim desejarem.

2. A primeira Constituição promulgada após o período imperial instituiu o sistema federal no texto constitucional. Em que ano foi promulgada essa Constituição?
   a) 1888.
   b) 1891.
   c) 1988.
   d) 1994.
   e) 1593.

3. Esta reforma foi uma das mais importantes, pois propunha um estatuto dos professores, o qual estabelecia direitos e deveres para eles, bem como uma melhor remuneração salarial. Qual foi essa reforma?
   a) Reforma Pombalina.
   b) Reforma da Educação Tecnológica.
   c) Reforma de Rocha Vaz.
   d) Reforma Educacional.
   e) Reforma Presbiteriana.

4. Estabeleceu a autonomia das universidades e dos institutos superiores de ensino, que passaram a ter o direito de criar câmaras eleitorais para escolher os diretores e os conselhos. Qual documento promoveu essa mudança?
   a) Base Nacional Comum Curricular (BNCC).
   b) Lei de Diretrizes e Bases da Educação (LDB).
   c) Sistema de Avaliação da Educação Básica (Saeb).
   d) Carta Constitucional de 1934.
   e) Parâmetros Curriculares Nacionais (PCN).

5. A avaliação institucional desenvolveu-se no Brasil prioritariamente nas instituições de ensino superior. A partir de qual década isso ocorreu?
   a) 2010.
   b) 1990.
   c) 1980.
   d) 1930.
   e) 1970.

Atividades de aprendizagem

Questões para reflexão

1. Qual é a importância da avaliação da aprendizagem para o sucesso do processo educacional?
2. Qual é a influência da diversidade cultural no contexto educacional?

Atividade aplicada: prática

1. Para educar para a diversidade, devemos considerar os aspectos culturais e sociais em que se insere o educando. Tomando por base essa afirmação, relacione práticas educacionais que contemplem a diversidade, traçando os objetivos a serem alcançados no que concerne à avaliação do educando.

capítulo 3

Avaliação na legislação brasileira

No Brasil, diferentes perspectivas avaliativas foram desenvolvidas nas escolas. Estudá-las e analisá-las nos permite compreender melhor os processos de ensino e aprendizagem que se desenrolaram no país com a Constituição Federal de 1988. Esse cenário de intensas pesquisas redimensionou não só as concepções sobre avaliação como também o entendimento sobre formação humana, didática e currículo.

Neste capítulo, destacaremos algumas das principais questões que se fizeram e ainda se fazem presentes no cenário educacional brasileiro. Antes de adentrarmos nesse universo, porém, conceituaremos o termo *avaliação*, intrinsecamente relacionado às concepções educacionais.

Depois, com base nas principais legislações brasileiras, veremos como é entendida a avaliação educacional. O foco será a Lei n. 9.394, de 20 de dezembro de 1996, conhecida como *Lei de Diretrizes e Bases da Educação Nacional* (LDB), e a Base Nacional Comum Curricular (BNCC), para então analisarmos como essas deliberações se configuram no ambiente escolar.

3.1
O que é avaliação?

Avaliar é um processo inerente ao ser humano. Ainda na barriga da mãe, o bebê é avaliado pelo médico para saber se está dentro do que é esperado para a época do desenvolvimento. Ao nascer, cuidados e atenção ao processo de crescimento são intensificados, mas, quando a criança inicia o período de escolarização, o processo avaliativo ganha maior destaque.

Para Kraemer (2006, citada por Oliveira; Aparecida; Souza, 2008, p. 2384), "avaliação vem do latim, e significa valor ou mérito ao objeto em pesquisa, junção do ato de avaliar ao de medir os conhecimentos adquiridos pelo indivíduo". É um instrumento valioso no âmbito escolar, pois pode descrever conhecimentos, atitudes ou aptidões de que os alunos se apropriaram.

Segundo Conceição (2016), "'avaliação como sinônimo de provas e exames' é herança desde 1599, trazida para o Brasil pelos jesuítas, uma vez que enfatizava a memorização e dava especial importância à retórica e à redação, assim como à leitura dos clássicos e à arte cênica". Luckesi (2001, p. 11) explica que esse tipo de prática

> Tem sua origem na escola moderna, que se sistematizou a partir dos séculos XVI e XVII, com a cristalização da sociedade burguesa. As pedagogias jesuíticas (século XVI), comeniana (século XVII), lassalista (fins do século XVII e inícios do XVIII) são expressões das experiências pedagógicas desse período e sistematizadoras do modo de agir com provas/exames.

É possível perceber que o processo de avaliação sempre foi relevante no contexto escolar, por revelar e orientar os processos de aprendizagem. Para a pesquisadora Ilza Martins Sant'Anna (1995, p. 7), a avaliação tem um papel extremamente importante na educação, a ponto de dizer que "é a alma do processo educacional", uma vez que todos são envolvidos no processo de aprendizagem. Isso pode ser evidenciado pelas concepções norteadoras presentes nos projetos políticos pedagógicos das escolas públicas, em que se parte da concepção de gestão democrática, na qual todas as pessoas que pertencem à comunidade escolar têm participação ativa.

Nessa perspectiva, Hoffmann (2008, p. 17) destaca que a avaliação é

> uma ação ampla que abrange o cotidiano do fazer pedagógico e cuja energia faz pulsar o planejamento, a proposta pedagógica e a relação entre todos os elementos da ação educativa. Basta pensar que avaliar é agir com base na compreensão do outro, para entender que ela nutre de forma vigorosa todo o trabalho educativo.

Logo, a avaliação pertence ao processo de ensino e aprendizagem. Ao avaliar o desempenho de um estudante, é preciso levar em conta seu processo de aprendizagem como um todo, pois cada pessoa é diferente e aprende à sua maneira. O olhar cuidadoso do professor deve considerar os percursos trilhados pelo estudante ao longo de seu desenvolvimento.

A esse respeito, Demo (1999, p. 1, citado por Sobral; Salvino, 2015, p. 223) define:

> Refletir é também avaliar, e avaliar é também planejar, estabelecer objetivos etc. Daí os critérios de avaliação, que condicionam seus resultados estejam sempre subordinados a finalidades e objetivos previamente estabelecidos para qualquer prática, seja ela educativa, social, política ou outra.

Libâneo (1994b, p. 195) complementa a ideia explicando que "A avaliação é uma tarefa complexa que não se resume à realização de provas e atribuição de notas". A simples aquisição de valor quantificável menospreza o potencial de aprendizagem do estudante, condicionando o aluno a uma aprendizagem por controle de notas. Ou seja, desconsidera o processo percorrido e a riqueza das aprendizagens concretizadas durante seu desenvolvimento. Devemos ressaltar que, nesse caso, estamos nos referindo aos processos de avaliação que utilizam apenas um instrumento somativo para verificar a aprendizagem, como provas e exames.

É importante considerar que a avaliação pode ser realizada com o emprego de diferentes instrumentos diagnósticos e de observação, que considerem o percurso trilhado pelo estudante em sua vida acadêmica. Com base nessa interpretação, cabe às escolas "articular os diagnósticos realizados aos objetivos de ensino-aprendizagem, fundamentando-se numa concepção de avaliação comprometida com práticas pedagógicas que redimensionem o trabalho em função do direito à aprendizagem" (Curitiba, 2020, p. 24-25).

> **IMPORTANTE!**
>
> A avaliação é complexa e dinâmica e envolve diferentes processos e diferentes autores (professores, estudantes e comunidade escolar). Deve ser compreendida como um caminho para a análise do desenvolvimento e da aprendizagem e como um instrumento que contribui para analisar a prática didática a fim de refletir sobre o trabalho docente.

3.2
Avaliação na LDB e na BNCC

A avaliação é um processo essencial para a educação, desempenhando um papel relevante no processo de aprendizagem. Ela é mais do que apenas um momento de verificação dos conhecimentos adquiridos; também é uma oportunidade de aprendizado em si. A avaliação como processo de aprendizagem envolve diversas abordagens e estratégias que visam estimular o desenvolvimento dos alunos, identificar suas necessidades, fortalecer suas habilidades e fornecer *feedback* construtivo.

Agora, vamos analisar as concepções e os processos da avaliação na LDB e na BNCC.

Avaliação na LDB

A legislação brasileira, com a promulgação da Constituição Federal de 1988, reafirmou compromissos democráticos com a população brasileira. Na educação, intensos estudos estavam sendo realizados sobre as práticas docentes e organizacionais das instituições educativas. Havia a necessidade de políticas próprias para a educação nacional, pois, segundo Saviani (2018b, p. 18),

> Até a atual Lei de Diretrizes e Bases da Educação Nacional (LDB), aprovada em 20 de dezembro de 1996, havia no Brasil apenas

duas modalidades de sistemas de ensino: o sistema federal, que abrangia os territórios federais e tinha caráter supletivo em relação aos estados; e os sistemas estaduais e do Distrito Federal. Nesse contexto, as escolas de educação básica, públicas e particulares, integravam os respectivos sistemas estaduais. Já as escolas superiores, públicas e particulares, integravam o sistema federal, subordinando-se, pois, às normas fixadas pela União.

Com a publicação da LDB de 1996, foi atribuído aos entes federados (estados, municípios e Distrito Federal) o atendimento às etapas da educação básica (educação infantil ou pré-escola, ensino fundamental e ensino médio); o ensino superior ficou sob a responsabilidade da União. Devemos destacar a oferta de educação infantil em creches e pré-escolas como responsabilidade dos munícipios e com prioridade para o ensino fundamental. Com a redação dada pela Lei n. 12.796, de 4 de abril de 2013, a educação básica passou a ser obrigatória dos 4 aos 17 anos de idade (Brasil, 2013a).

Nesse aspecto, a LDB também apresenta em seus artigos a necessidade de que o processo de avaliação da aprendizagem tenha como objetivo promover melhorias na qualidade do ensino. De acordo com o art. 24, inciso V, da LDB, deve haver "avaliação contínua e cumulativa do desempenho do aluno, com prevalência dos aspectos qualitativos sobre os quantitativos e dos resultados ao longo do período sobre os de eventuais provas finais" (Brasil, 1996). É possível inferir que a legislação valoriza o processo de aprendizagem, ou seja, os aspectos qualitativos sobre os quantitativos, que são as provas e os exames.

Cabe ressaltar que os processos avaliativos, para progressão ou acompanhamento da aprendizagem, devem estar estruturados com a proposta pedagógica da escola, enfatizando o perfil de estudantes que se pretende formar. Nesse sentido, professores e equipes pedagógicas devem articular processos avaliativos claros e condizentes com as necessidades de desenvolvimento dos estudantes, respeitando uma formação comum indispensável para o exercício da cidadania, conforme prevê a lei.

Do mesmo modo, a LDB prevê processos avaliativos para a educação infantil, priorizando o diagnóstico, como descrito em seu art. 31, inciso I: "avaliação mediante acompanhamento e registro do desenvolvimento das crianças, sem o objetivo de promoção, mesmo para o acesso ao ensino fundamental" (Brasil, 1996). No ensino fundamental, a lei contempla a progressão continuada, de uma série para a outra, sem prejuízo do processo de ensino e aprendizagem, respeitando-se as normas dos sistemas de ensino. Já quanto à avaliação no ensino médio, a Lei n. 13.415, de 16 de fevereiro de 2017, acrescentou o art. 35-A à LDB de 1996 e alterou seu art. 36, tratando especificamente dos processos avaliativos em consonância com a BNCC. São abordadas as formas de avaliação processual e formativa e apresentados exemplos, tais como provas, seminários, atividades *on-line*, entre outros, que demonstrem as aprendizagens esperadas.

Por ser uma lei que delibera sobre a educação brasileira, a LDB também traz em seu texto definições e orientações sobre a avaliação nas diferentes modalidades de ensino, na formação de nível técnico e na formação de professores, bem como sobre a organização da avaliação das instituições de ensino superior.

Com a LDB, foi possível garantir questões importantes para a educação. Contudo, na prática, há muito ainda a ser efetivado. Sabemos que a realidade da educação no país é complexa; há desigualdade de oportunidades e de acesso à educação de qualidade. Poucos usufruem um ensino com qualidade e eficiência. Dados de 2019 do Instituto Brasileiro de Geografia e Estatística (IBGE) mostram que cerca de 6,6% da população brasileira com mais de 15 anos de idade é analfabeta, o que compreende 11 milhões de pessoas. Da população com 25 anos ou mais, 48,9% não concluíram a educação básica, ou seja, não finalizaram o ensino médio. São dados extremamente relevantes quando falamos de políticas educacionais, os quais evidenciam que é necessário implementar ações efetivas para garantir qualidade, acesso e continuidade no ensino (Agência IBGE, 2020).

Uma das ações realizadas para avaliar o nível de desempenho dos estudantes e para planejar projetos de melhorias na qualidade da educação brasileira são as avaliações em larga escala que compõem o Sistema de Avaliação da Educação Básica (Saeb), criado em 1990 pelo governo federal. O Saeb é o agrupamento de avaliações externas que possibilita uma análise sistêmica da educação básica. As avaliações acontecem a cada dois anos, contemplando escolas públicas e uma amostragem da rede privada, com foco nas áreas de língua portuguesa e matemática.

Em 2005, com uma reestruturação, o Saeb passou a abranger a Avaliação Nacional da Educação Básica (Aneb) e a Avaliação Nacional do Rendimento Escolar (Anresc), mais conhecida como Prova Brasil. Desse modo, em 2007, alinhado aos dados do Censo Escolar, foi criado o Índice de Desenvolvimento da Educação Básica (Ideb).

Em 2013, a Avaliação Nacional da Alfabetização (ANA) passou a integrar o Saeb. Nesse mesmo ano, houve a inclusão, em caráter experimental, das avaliações nas áreas de ciências humanas e ciências da natureza.

A partir de 2019, o Saeb passou por uma nova adequação, tendo em vista a BNCC. A Aneb e a Anresc, portanto, passaram a ser chamadas de Saeb e houve a inclusão da avaliação na educação infantil, por meio de questionário eletrônico respondido por professores, diretores e secretários municipais e estaduais.

A LDB, por sua vez, orientou diferentes aspectos da educação brasileira, tanto no estabelecimento da prioridade no atendimento à educação básica (valorização do magistério, planos de cargos e carreira docentes, condições de trabalho, avaliações em larga escala) quanto na regulamentação da BNCC para a educação básica, já prevista pelo art. 210 da Constituição Federal de 1988. Isso remeteu à necessidade de organização de currículos escolares da pré-escola com conteúdos essenciais para o ensino fundamental, sustentando uma formação comum nas escolas brasileiras.

Desde então, diferentes documentos foram sistematizados a fim de organizar e definir os conteúdos mínimos necessários para a aprendizagem na educação básica. Entre esses documentos, podemos destacar as Diretrizes Curriculares Nacionais (DCN) (Brasil, 2013b, p. 4), "que estabelecem a base nacional comum, responsável por orientar a organização, articulação, o desenvolvimento e a avaliação das propostas pedagógicas de todas as redes de ensino brasileiras". Tais diretrizes, portanto, regulamentam e orientam como devem ser organizados os planejamentos dos currículos das escolas, prevendo conteúdos que devem integrar as práticas curriculares.

As DCN trazem orientações para currículos e projetos políticos e pedagógicos das escolas. Sobre o processo de avaliativo, preveem que as propostas pedagógicas compreendam "a avaliação do desenvolvimento das aprendizagens como processo formativo e permanente de reconhecimento de conhecimentos, habilidades, atitudes, valores e emoções" (Brasil, 2013b, p. 50). O documento ainda destaca que

> a avaliação das aprendizagens tem como referência o conjunto de habilidades, conhecimentos, princípios e valores que os sujeitos do processo educativo projetam para si de modo integrado e articulado com aqueles princípios e valores definidos para a Educação Básica, redimensionados para cada uma de suas etapas. (Brasil, 2013b, p. 51)

As DCN serviram de embasamento para a elaboração da BNCC. Esse documento é fruto de estudos e discussões realizadas por pesquisadores, professores e comunidade, com objetivo de evidenciar os direitos de aprendizagem de todos os estudantes e definir as competências necessárias para a educação básica.

Avaliação na BNCC

As discussões sobre a necessidade de uma base curricular comum se intensificaram em 2014, com a Segunda Conferência Nacional pela

Educação (Conae), organizada pelo Fórum Nacional de Educação (FNE). No ano seguinte, com a realização do primeiro seminário para a elaboração da BNCC, foi apresentada uma versão preliminar do documento, o qual foi discutido e analisado nos anos subsequentes em seminários estaduais e consultas públicas. No final de 2018, a versão final da BNCC foi homologada (Brasil, 2018).

Desde então, a BNCC se configurou como documento orientador das escolas na construção de suas propostas pedagógicas e curriculares, de referência nacional, com o intuito também de promover o alinhamento a "outras políticas e ações, em âmbito federal, estadual e municipal, referentes à formação de professores, à avaliação, à elaboração de conteúdos educacionais e aos critérios para a oferta de infraestrutura adequada para o pleno desenvolvimento da educação" (Brasil, 2018, p. 8).

O novo documento apresenta em sua estrutura as competências que devem ser asseguradas ao desenvolvimento dos estudantes, definidas "como a mobilização de conhecimentos (conceitos e procedimentos), habilidades (práticas, cognitivas e socioemocionais), atitudes e valores para resolver demandas complexas da vida cotidiana, do pleno exercício da cidadania e do mundo do trabalho" (Brasil, 2018, p. 8).

O destaque desse documento é a definição de dez competências gerais necessárias à aprendizagem na educação básica, compreendida como educação infantil, ensino fundamental e ensino médio. Isso significa que, ao final do último ano do ensino médio, espera-se que o estudante desenvolva as seguintes competências gerais (Brasil, 2018, p. 9-10):

1. Valorizar e utilizar os conhecimentos historicamente construídos sobre o mundo físico, social, cultural e digital para entender e explicar a realidade, continuar aprendendo e colaborar para a construção de uma sociedade justa, democrática e inclusiva.
2. Exercitar a curiosidade intelectual e recorrer à abordagem própria das ciências, incluindo a investigação, a reflexão, a

análise crítica, a imaginação e a criatividade, para investigar causas, elaborar e testar hipóteses, formular e resolver problemas e criar soluções (inclusive tecnológicas) com base nos conhecimentos das diferentes áreas.

3. Valorizar e fruir as diversas manifestações artísticas e culturais, das locais às mundiais, e também participar de práticas diversificadas da produção artístico-cultural.

4. Utilizar diferentes linguagens – verbal (oral ou visual-motora, como Libras, e escrita), corporal, visual, sonora e digital –, bem como conhecimentos das linguagens artística, matemática e científica, para se expressar e partilhar informações, experiências, ideias e sentimentos em diferentes contextos e produzir sentidos que levem ao entendimento mútuo.

5. Compreender, utilizar e criar tecnologias digitais de informação e comunicação de forma crítica, significativa, reflexiva e ética nas diversas práticas sociais (incluindo as escolares) para se comunicar, acessar e disseminar informações, produzir conhecimentos, resolver problemas e exercer protagonismo e autoria na vida pessoal e coletiva.

6. Valorizar a diversidade de saberes e vivências culturais e apropriar-se de conhecimentos e experiências que lhe possibilitem entender as relações próprias do mundo do trabalho e fazer escolhas alinhadas ao exercício da cidadania e ao seu projeto de vida, com liberdade, autonomia, consciência crítica e responsabilidade.

7. Argumentar com base em fatos, dados e informações confiáveis, para formular, negociar e defender ideias, pontos de vista e decisões comuns que respeitem e promovam os direitos humanos, a consciência socioambiental e o consumo responsável em âmbito local, regional e global, com posicionamento ético em relação ao cuidado de si mesmo, dos outros e do planeta.

8. Conhecer-se, apreciar-se e cuidar de sua saúde física e emocional, compreendendo-se na diversidade humana e reconhecendo suas emoções e as dos outros, com autocrítica e capacidade para lidar com elas.
9. Exercitar a empatia, o diálogo, a resolução de conflitos e a cooperação, fazendo-se respeitar e promovendo o respeito ao outro e aos direitos humanos, com acolhimento e valorização da diversidade de indivíduos e de grupos sociais, seus saberes, identidades, culturas e potencialidades, sem preconceitos de qualquer natureza.
10. Agir pessoal e coletivamente com autonomia, responsabilidade, flexibilidade, resiliência e determinação, tomando decisões com base em princípios éticos, democráticos, inclusivos, sustentáveis e solidários.

Tais competências demandam propostas pedagógicas, curriculares e avaliativas coerentes com o desenvolvimento de habilidades ao longo da educação básica. A BNCC apresenta algumas ponderações necessárias à construção dos currículos das escolas, bem como orientações para a reflexão sobre o processo avaliativo. Entre elas, podemos destacar: "construir e aplicar procedimentos de avaliação formativa de processo ou de resultado que levem em conta os contextos e as condições de aprendizagem, tomando tais registros como referência para melhorar o desempenho da escola, dos professores e dos alunos" (Brasil, 2018, p. 17).

Nesse sentido, o professor é importante mediador e agente de mudanças na escola. As práticas docentes desempenhadas no cotidiano devem estar alinhadas às práticas avaliativas e em consonância com a BNCC, valorizando vivências e saberes dos estudantes na construção de novas aprendizagens, promovendo "experiências nas quais as crianças possam fazer observações, manipular objetos, investigar e explorar seu entorno, levantar hipóteses e consultar fontes de informação para buscar respostas às suas curiosidades e indagações" (Brasil, 2018, p. 43).

3.3
Dinâmica da avaliação no ensino-aprendizagem

O processo de avaliação da aprendizagem se configura na escola, em primeiro lugar, da perspectiva da qualidade, na preocupação com as aprendizagens e as não aprendizagens. Consideram-se todos os elementos envolvidos no processo de ensino -aprendizagens. Nesse sentido, mais do que analisar o resultado de uma "prova" avaliativa, devemos refletir e inferir sobre o processo percorrido.

Estabelecendo um breve parênteses na análise da dinâmica da avaliação da aprendizagem, podemos observar o contexto histórico percorrido pela educação e seus processos avaliativos ao longo dos anos, de início marcadamente resumidos à acumulação de conhecimentos e à memorização. As escolas tinham, por natureza, a responsabilidade de apresentar muitos ensinamentos e averiguar quem conseguia dominar ou lembrar o que fora trabalhado nas aulas.

Hoje, com os avanços nas pesquisas na área educacional, sabemos que a aprendizagem é única para cada pessoa, intrinsecamente conectada a sua forma de aprender. Assim, não cabe mais uma única maneira de ensinar e, do mesmo modo, os processos avaliativos precisam ser diversificados para considerar as diferentes manifestações de aprendizagem.

Magda Soares (2018, p. 144) afirma a relevância de se possibilitar a instauração de diferentes espaços para a aprendizagem, mais ricos, tendo em vista que é pela interação com diferentes espaços, pessoas e conhecimentos que as aprendizagens se consolidam.

Nesse aspecto, a BNCC evidencia três pontos importantes sobre o processo de aprendizagem dos estudantes:

1. conhecimentos prévios e experiências dos estudantes;
2. conteúdo a ser ensinado e sua natureza;
3. variação de estratégias e levantamento de múltiplas hipóteses didáticas.

Considerar aprendizagens e vivências dos estudantes no contexto de sala de aula é extremamente necessário, pois sensibiliza os alunos para que estabeleçam conexões com aquilo que já lhes é mais familiar. Assim, o professor está avaliando as aprendizagens e analisando o que já foi aprendido e consolidado e o que ainda é necessário aprender. Esse diagnóstico inicial permite ao docente delinear estratégias dinâmicas de aprendizagem que possibilitem a construção de novos conhecimentos, a fim de efetivar as aprendizagens. Segundo Libâneo (1994b, citado por Oliveira, 2019, p. 3), "a avaliação escolar é o ato pedagógico que o professor utiliza para guiar o desenvolvimento do processo de ensino e aprendizagem, servindo como um termômetro das atividades propostas e como auxílio no processo de ensino-aprendizagem do aluno". O autor complementa:

> a avaliação escolar cumpre pelo menos três funções: pedagógico-didática, de diagnóstico e de controle. A pedagógico-didática seria aquela com o papel de avaliar o cumprimento dos objetivos propostos da educação escolar. A avaliação diagnóstica identificaria os progressos e dificuldades do professor e do aluno. E a de controle verificaria os meios e a qualificação dos resultados obtidos. (Libâneo 1994b, citado por Oliveira, 2019, p. 3)

A ideia de diagnóstico implica avaliar o que realmente foi consolidado em relação às aprendizagens esperadas, pois o diagnóstico percorre todo o processo de ensino-aprendizagem ao longo do ano letivo, possibilitando a autoavaliação do professor sobre suas práticas de ensino e dinâmicas de sala de aula. Nesse sentido, é necessário estabelecer critérios específicos para a avaliação das aprendizagens, em concordância com a proposta político-pedagógica avaliativa da instituição. Para Fernandes e Freitas (2008, p. 17), a avaliação é "uma atividade que envolve legitimidade técnica e legitimidade política na sua realização".

Como esclarece Paulo Freire (1996, p. 28-29),

O educador democrático não pode negar-se o dever de, na sua prática docente, reforçar a capacidade crítica do educando, sua curiosidade, sua insubmissão. Uma de suas tarefas primordiais é trabalhar com os educandos a rigorosidade metódica com que devem se "aproximar" dos objetos cognoscíveis. E esta rigorosidade metódica não tem nada que ver com o discurso "bancário" meramente transferidor do perfil do objeto ou do conteúdo. É exatamente neste sentido que ensinar não se esgota no "tratamento" do objeto ou do conteúdo, superficialmente feito, mas se alonga à produção das condições em que aprender criticamente é possível.

Nessa perspectiva, o professor, ao planificar sua proposta didática, deve considerar habilidades e competências para o desenvolvimento de senso crítico, criatividade, responsabilidades sociais, entre outros aspectos. Assim, a prática avaliativa não pode resumir-se à realização de provas ao final do semestre. "Os estudantes se deparam, em suas vidas presentes, com desafios diferentes, cujo enfrentamento não depende apenas de aprender a fazer provas. Em sua vida futura, acontecerá o mesmo" (Brasil, 2023).

DICA

Por isso, cabe enfatizar a necessidade de possibilitar, no contexto escolar, diferentes situações de aprendizagem que mobilizem conhecimentos diversos. As propostas avaliativas devem oportunizar aos estudantes a manifestação dos conhecimentos aprendidos por meio de diferentes instrumentos: trabalhos orais e escritos, apresentações, rodas de conversa, desenhos, produção de texto, trabalhos em grupos, assembleias, entre outros. A diversidade de instrumentos avaliativos possibilitará a compreensão real das aprendizagens desenvolvidas e trará ao professor reflexões sobre sua prática docente.

Uma prática pedagógica voltada para o aprendizado, e não para a comprovação de teorias e acumulação de conhecimentos, pressupõe que tanto professores quanto estudantes são importantes partícipes do processo, ou seja, aprendem e ensinam. A experiência da aprendizagem precisa fazer sentido para que o estudante possa refletir sobre seu conhecimento e sua vivência. A práxis, nesse sentido, para Marx (2011, p. 28-29), é "apoderar-se da matéria, em seus pormenores, de analisar suas diferentes formas de desenvolvimento e de perquirir a conexão íntima que há entre elas".

3.4 Avaliação nas diferentes etapas de ensino

O processo de ensinar e aprender não é estático ou passivo, mas complexo, dinâmico e fluido. Envolve percursos, pessoas, conhecimentos, competências e habilidades. Tendo em vista a natureza do aprender e do ensinar, o currículo, a didática e a avaliação necessitam estar alinhados no percurso de desenvolvimento dos estudantes das diferentes etapas de ensino da educação básica.

A educação infantil é a primeira etapa da educação básica, composta por creche e pré-escola, e atende crianças de 0 a 5 anos de idade. Perante a lei, estados e municípios devem obrigatoriamente assegurar a matrícula para crianças a partir dos 4 anos.

Pensando-se no público atendido, os processos pedagógicos devem considerar as fases do desenvolvimento de bebês e crianças, estimulando o desenvolvimento de competências e respeitando seus direitos de aprendizagem. Sob essa ótica, é extremamente necessário analisar o processo de avaliação da aprendizagem. Para compreender um pouco melhor sobre como se dá a avaliação na educação infantil, é preciso conhecer os direitos de aprendizagem.

Segundo as Diretrizes Curriculares Nacionais para a Educação Infantil (DCNEI), estabelecidas pela Resolução CNE/CEB n. 5, de 17 de dezembro de 2009, a criança é

Sujeito histórico e de direitos que, nas interações, relações e práticas cotidianas que vivencia, constrói sua identidade pessoal e coletiva, brinca, imagina, fantasia, deseja, aprende, observa, experimenta, narra, questiona e constrói sentidos sobre a natureza e a sociedade, produzindo cultura. (Brasil, 2009)

A BNCC reafirma essa concepção e a fortalece com foco nos eixos das interações e das brincadeiras. Ou seja, na educação infantil, as propostas pedagógicas e avaliativas devem considerar as interações com o outro e o meio e as brincadeiras como centrais no trabalho com aprendizagens e desenvolvimento infantil, pois a criança aprende pela observação concreta das atitudes e manifestações de pensamento, formas de ser e agir. Assim, as brincadeiras se consolidam como momentos de intercambiar relações sociais imaginativas que possibilitam o desenvolvimento de várias habilidades e aprendizagens.

Tendo isso em vista, a BNCC (2018, p. 38, grifo do original) destaca seis direitos de aprendizagem e desenvolvimento na educação infantil:

- **Conviver** com outras crianças e adultos, em pequenos e grandes grupos, utilizando diferentes linguagens, ampliando o conhecimento de si e do outro, o respeito em relação à cultura e às diferenças entre as pessoas.

- **Brincar** cotidianamente de diversas formas, em diferentes espaços e tempos, com diferentes parceiros (crianças e adultos), ampliando e diversificando seu acesso a produções culturais, seus conhecimentos, sua imaginação, sua criatividade, suas experiências emocionais, corporais, sensoriais, expressivas, cognitivas, sociais e relacionais.

- **Participar** ativamente, com adultos e outras crianças, tanto do planejamento da gestão da escola e das atividades propostas pelo educador quanto da realização das atividades da vida cotidiana, tais como a escolha das brincadeiras, dos materiais e dos ambientes, desenvolvendo diferentes linguagens e elaborando conhecimentos, decidindo e se posicionando.

~ **Explorar** movimentos, gestos, sons, formas, texturas, cores, palavras, emoções, transformações, relacionamentos, histórias, objetos, elementos da natureza, na escola e fora dela, ampliando seus saberes sobre a cultura, em suas diversas modalidades: as artes, a escrita, a ciência e a tecnologia.

~ **Expressar**, como sujeito dialógico, criativo e sensível, suas necessidades, emoções, sentimentos, dúvidas, hipóteses, descobertas, opiniões, questionamentos, por meio de diferentes linguagens.

~ **Conhecer-se** e construir sua identidade pessoal, social e cultural, constituindo uma imagem positiva de si e de seus grupos de pertencimento, nas diversas experiências de cuidados, interações, brincadeiras e linguagens vivenciadas na instituição escolar e em seu contexto familiar e comunitário.

IMPORTANTE!

Os direitos de aprendizagem identificados na BNCC reafirmam a importância da educação infantil no desenvolvimento das crianças. Nesse sentido, as creches e as pré-escolas têm uma função extremamente relevante no atendimento às crianças e na garantia de um efetivo trabalho para o atendimento aos direitos de aprendizagem.

Nesse contexto, é necessário haver intencionalidade educativa para o desenvolvimento de práticas pedagógicas coesas com as concepções de infância e desenvolvimento. Segundo o Plano Municipal pela Primeira Infância do Município de Curitiba (2022, p. 17), "as experiências vividas pelas crianças em determinado tempo histórico, espaço geográfico ou contexto social impactam diretamente no modo como vivem as infâncias".

A esse respeito, as práticas de avaliação devem priorizar a observação diagnóstica e processual sobre o desenvolvimento de cada criança. A avaliação, na etapa da educação infantil, conforme a LDB (1996, art. 31, I), deve ocorrer "mediante acompanhamento e registro do desenvolvimento das crianças, sem o objetivo de promoção, mesmo para o acesso ao ensino fundamental". Isso significa que a avaliação não deve ser organizada para a retenção do estudante, e sim para sua progressão ao ano seguinte.

> Ainda, é preciso acompanhar tanto essas práticas quanto as aprendizagens das crianças, realizando a observação da trajetória de cada criança e de todo o grupo – suas conquistas, avanços, possibilidades e aprendizagens. Por meio de diversos registros, feitos em diferentes momentos tanto pelos professores quanto pelas crianças (como relatórios, portfólios, fotografias, desenhos e textos), é possível evidenciar a progressão ocorrida durante o período observado, sem intenção de seleção, promoção ou classificação de crianças em "aptas" e "não aptas", "prontas" ou "não prontas", "maduras" ou "imaturas". Trata-se de reunir elementos para reorganizar tempos, espaços e situações que garantam os direitos de aprendizagem de todas as crianças. (Brasil, 2018, p. 39)

Ao ingressar no ensino fundamental, o processo avaliativo ganha novos contornos, mantendo a prioridade dos aspectos qualitativos sobre os quantitativos, focando a avaliação formativa e diagnóstica. É importante considerar a continuidade das práticas formativas da educação infantil por meio das brincadeiras e o processo de alfabetização nas séries iniciais.

O ensino fundamental é uma etapa na qual crianças vivenciam mudanças, novas experiências e constroem sentidos e significados sobre si e sobre o outro, fortalecendo sua identidade. "Os alunos se deparam com uma variedade de situações que envolvem conceitos e fazeres científicos, desenvolvendo observações, análises, argumentações e potencializando descobertas" (Brasil, 2018, p. 58).

Conhecendo realidades: a avaliação nas diferentes etapas de ensino na cidade de Curitiba/PR

Nas escolas do município de Curitiba, no Paraná, a avaliação tem como premissa a característica de ser contínua e cumulativa, destacando aspectos qualitativos, segundo a LDB (1996). "Nesse sentido, o professor precisa organizar diferentes momentos e instrumentos de avaliação, a fim de que haja fontes variadas de informação e possibilidades de qualificar o processo avaliativo" (Curitiba, 2020, p. 26-27). Esse caminho avaliativo oportuniza que professores analisem as diferentes aprendizagens, e não somente aquelas dos estudantes, possibilitando reflexões sobre o trabalho docente e o repensar dos planejamentos. Uma das instâncias do processo de avaliação empregado pela cidade de Curitiba são os conselhos de classe:

> Na RME, os Conselhos de Classe são organizados e realizados trimestralmente, definidos em calendário escolar vigente, fundamentando-se em uma concepção de avaliação da aprendizagem formativa, cumulativa e mediadora, em que a reflexão e a reorganização do trabalho pedagógico ocorra de forma que haja promoção contínua da aprendizagem. (Curitiba, 2020, p. 28)

Considerando-se esse processo formativo, os espaços de conselhos de classe são momentos ricos para análise e reflexão quanto à aprendizagem dos estudantes. Assim, professores e equipes pedagógicas dialogam tendo em vista a criança como foco do processo. Na rede municipal de ensino de Curitiba, alguns instrumentos avaliativos são utilizados para evidenciar as aprendizagens, a saber: portfólio dos estudantes, com as principais atividades realizadas; cadernos; registros do professor sobre os percursos de aprendizagens; Relatório de Avaliação Individual da Aprendizagem (Relatório Avalia); plano de apoio pedagógico individual; fichas de registros; demais registros e instrumentos utilizados pelos professores. Esses materiais têm por objetivo apresentar as reais aprendizagens dos estudantes e também evidenciam quais outras aprendizagens são necessárias para se desenvolverem as habilidades e as competências previstas para determinado ano.

Com esses materiais, docentes e equipes pedagógicas avaliam as progressões de ensino. Para tanto, há um cuidado com a transição de uma série para a outra, buscando-se a articulação e a continuidade das aprendizagens já estabelecidas para o desenvolvimento de novos conhecimentos. Assim como já descrevemos na transição da educação infantil para o ensino fundamental, a passagem de uma etapa para outra da educação básica deve ser vista com cuidado, pois as mudanças são significativas – de escola, professores, grade horária, habilidades e competências.

Para a transição do ensino fundamental para o ensino médio, devemos levar em conta a construção e a reflexão sobre o projeto de vida dos estudantes com a continuidade dos estudos.

A respeito dessa continuidade, o processo avaliativo deve carregar a perspectiva formativa e contínua, como previsto na LDB de 1996 e na BNCC. "A BNCC do Ensino Médio se organiza em continuidade ao proposto para a Educação Infantil e o Ensino Fundamental, centrada no desenvolvimento de competências e orientada pelo princípio da educação integral" (Brasil, 2018, p. 469).

> Nesse sentido, o desempenho escolar é entendido como a verificação da capacidade para mobilizar conhecimentos, habilidades, atitudes e valores, de forma que estes possam ser articulados e integrados, expressando-se nas competências gerais da Educação Básica e específicas das áreas de conhecimento descritas neste Referencial Curricular para o Ensino Médio do Paraná, visando à formação integral do estudante, nos aspectos físicos, cognitivos e socioemocionais, de maneira a adotar um trabalho voltado para a construção de seu projeto de vida. (Paraná, 2021, p. 69)

O Referencial Curricular para o Ensino Médio do Paraná aprovado em 2021, em consonância com a BNCC, reafirma o compromisso com os processos avaliativos formativos, mesmo com as configurações do novo ensino médio. Dessa perspectiva podemos destacar que, com o novo ensino médio (Paraná, 2021, p. 69-70), "a avaliação como parte fundamental para o acompanhamento do processo formativo dos estudantes requer uma atenção especial, já que o desenvolvimento de competências e habilidades no âmbito escolar exige a utilização de uma multiplicidade de metodologias e formas de avaliação".

Para atender ao exposto na legislação, o referencial paranaense apresenta alguns instrumentos:

> Assim, as metodologias e as formas de avaliação processual e formativa serão organizadas nas instituições de ensino, por meio de atividades teóricas e práticas, provas orais e escritas, seminários, projetos e atividades on-line, entre outras, de tal forma que, ao final do Ensino Médio, o estudante demonstre ter adquirido as competências previstas para esta etapa de ensino. (Paraná, 2021, p. 70)

O novo ensino médio busca a construção de um projeto de vida, oportunizando diferentes vivências e experiências de aprendizagem para o desenvolvimento de competências. Logo, a avaliação formativa deve ocorrer durante todo o período da educação básica.

Para tanto, as propostas pedagógicas e os planejamentos de ensino devem estar organizados para mobilizar os conhecimentos necessários dos componentes curriculares, mas também focados na formação para a vida, tendo em vista a consolidação e o aprofundamento da formação integral.

Na modalidade da educação de jovens e adultos (EJA), os processos avaliativos na perspectiva formativa são evidenciados no ensino fundamental e no ensino médio. O foco de trabalho deve estar no reconhecimento das pessoas e, a partir disso, é preciso organizar práticas didáticas coerentes com as necessidades de aprendizagem. Tais práticas devem compreender problemáticas que estimulem o pensar, o trabalho, as relações do cotidiano da vida de cada pessoa.

Segundo o documento orientador da Prefeitura de Curitiba (2020, p. 38),

> O respeito por essa diversidade e a compreensão do modo de aprender de cada um é um dos grandes desafios dos professores que atuam nessa modalidade. A BNCC intensifica o protagonismo do estudante e instiga um novo olhar sobre a educação, além de propor maior inserção da tecnologia e as metodologias inovadoras de avaliação.

Por fim, é necessário levar em conta uma avaliação para além da verificação da aprendizagem, como instrumento de reorganização do trabalho pedagógico. A mediação do professor e o lugar de fala do estudante da EJA devem ser centrais para que as práticas de aprendizagem se fortaleçam na escola, contribuindo para o desenvolvimento e a melhoria da qualidade de vida da pessoa.

Síntese

Este terceiro capítulo teve por objetivo abordar a avaliação sob a ótica das principais leis brasileiras. Vimos que a legislação nacional, com a promulgação da Constituição Federal de 1988, reafirmou compromissos democráticos com a população brasileira. Na educação, intensos estudos foram realizados sobre as práticas docentes e organizacionais das instituições educativas.

Também ressaltamos a publicação da LDB de 1996, que delegou aos entes federados (estados, municípios e Distrito Federal) o atendimento das etapas da educação básica (educação infantil, ensino fundamental e ensino médio) e à União o ensino superior. Nesse contexto, destacamos a oferta da educação infantil em creches e pré-escolas como responsabilidade dos municípios e com prioridade para o ensino fundamental. Com a Lei n. 12.796/2013, a educação básica passou a ser obrigatória dos 4 aos 17 anos de idade.

Vimos, ainda, que a LDB de 1996 apresenta a necessidade de assegurar o processo de avaliação da aprendizagem, objetivando melhorias na qualidade do ensino. É possível inferir que a legislação concebe a valorização do processo de aprendizagem, ou seja, dos aspectos qualitativos sobre os quantitativos (provas e exames).

Enfocamos uma das ações realizadas pelo governo federal para avaliar o nível de desempenho dos estudantes e planificar ações e projetos para melhorias, que são as avaliações em larga escala. Tratamos das premissas da BNCC, cujo destaque é a definição de dez competências gerais necessárias para a aprendizagem na educação básica.

Para finalizar, analisamos a avaliação nas diferentes etapas de ensino, como se caracteriza, ou como deveria se caracterizar. Vimos um caso específico, referente à avaliação nas diferentes etapas de ensino na cidade de Curitiba/PR.

Atividades de autoavaliação

1. A avaliação é complexa e dinâmica, envolve diferentes processos e autores. Quem são os autores do processo de avaliação?
   a) Professores, estudantes e comunidade escolar.
   b) Professores.
   c) Estudantes.
   d) Escola e Conselho Escolar.
   e) Comunidade escolar.

2. Até a atual LDB, havia no Brasil apenas duas modalidades de sistema de ensino. Quais eram?
   a) Sistemas integral e EJA.
   b) Sistema federal, que abrangia territórios federais e tinha caráter supletivo em relação aos estados, e sistemas estaduais e do Distrito Federal.
   c) Sistemas municipal e estadual.
   d) Sistemas público e particular.
   e) Sistemas integrado e privado de educação.

3. A LDB de 1996 prevê processos avaliativos para a educação infantil. O que deve ser priorizado no processo de avaliação dessa etapa?
   a) Desenvolvimento.
   b) Alfabetização.
   c) Diagnóstico.
   d) Interações sociais.
   e) Qualidade de ensino.

4. O destaque da BNCC é a definição de competências gerais necessárias para a aprendizagem dos estudantes durante seu período na educação básica, que compreende educação infantil, ensino fundamental e ensino médio. Quantas competências gerais foram definidas na BNCC?
   a) Cinco.
   b) Quinze.
   c) Oito.
   d) Dez.
   e) Doze.

5. A BNCC destaca seis direitos de aprendizagem e desenvolvimento na educação infantil. Quais são eles?
   a) Conviver, estudar, auxiliar, explorar, expressar e conhecer-se.
   b) Demonstrar seu tipo de vida, brincar, participar, ensinar as crianças mais novas, expressar e conhecer-se.
   c) Conversar, brincar, participar, explorar, rir e chorar.
   d) Trabalhar, aprender, participar, explorar, expressar e reconhecer-se como cidadão atuante na sociedade.
   e) Conviver, brincar, participar, explorar, expressar e conhecer-se.

Atividades de aprendizagem

Questões para reflexão

1. As práticas de avaliação devem priorizar a observação diagnóstica e processual sobre o desenvolvimento de cada criança. Descreva como deve ocorrer o processo de avaliação na etapa da educação infantil.

2. O processo de avaliação na escola deve permitir que os professores analisem as diferentes aprendizagens, e não somente as aprendizagens dos estudantes; essa mesma avaliação deve possibilitar reflexões sobre o trabalho docente e o repensar dos planejamentos. Partindo dessa premissa, descreva como a avaliação deve acontecer para que contemple todos os itens citados neste enunciado.

Atividade aplicada: prática

1. O processo de ensinar e aprender não é estático ou passivo; é complexo, dinâmico e fluido. Envolve diferentes percursos, pessoas, conhecimentos, competências e habilidades. Tendo em vista a natureza do aprender e do ensinar, o currículo, a didática e a avaliação devem estar alinhados no desenvolvimento dos estudantes nas diferentes etapas de ensino na educação básica.

   Imagine-se em sala de aula, com uma turma de educação infantil (3 anos de idade). Elabore um plano de aula conforme o modelo a seguir e com base na BNCC.

   BRASIL. Ministério da Educação. **Base Nacional Comum Curricular**: educação é a base. Brasília, 2018. Disponível em: <http://basenacionalcomum.mec.gov.br/images/BNCC_EI_EF_110518_versaofinal_site.pdf>. Acesso em: 28 jun. 2023.

Quadro 3.1 – Modelo de plano de aula

Seu nome	
Campo de experiência	
Conteúdo	
Objetivo geral	
Objetivos específicos	1 – 2 – 3 –
Metodologia	Sensibilização: Desenvolvimento: Atividade de fixação:
Avaliação	
Recursos	
Referências	

capítulo 4

Avaliação no ensino

A prática da avaliação da aprendizagem está permeada de sentidos e significados. Autores como Patrícia Bonesi, Nadia Souza, Marileuza Miquelante, entre outros, discorrem sobre estudos voltados às diferentes concepções da avaliação da aprendizagem.

Neste capítulo, a proposta é que você possa conhecer as diferenças existentes entre os tipos de avaliação e seus reflexos na aprendizagem e no desenvolvimento dos estudantes. Abordaremos, ainda, a natureza das práticas avaliativas na interpelação entre currículo e superação da exclusão em busca de práticas inclusivas que respeitem os tempos e ritmos de aprendizagem de cada estudante.

4.1
Modalidades de avaliação

A prática de ensino e aprendizagem é envolta pelas singularidades que permeiam as relações coletivas e individuais na escola e compreende métodos e processos didáticos, curriculares e avaliativos. Segundo Bonesi e Souza (2006, p. 146), "a avaliação da aprendizagem não se dissocia do processo pedagógico como um todo, e seus diferentes campos de abordagem refletem a metodologia trabalhada".

Por ser parte fundamental da atividade do aprender, a avaliação da aprendizagem se configura como um processo de análise do trabalho pedagógico, reorganizando o desenvolvimento didático com foco na formação e nas aprendizagens dos estudantes. A organização das formas e práticas de interação entre professores e alunos inclui o planejamento cuidadoso da ação docente, estabelecendo uma relação fluida e coerente entre teoria e prática, pois ensinar é um ato que envolve os seguintes elementos didáticos: definição dos objetivos, seleção e organização dos conteúdos, definição do método e escolha das técnicas, bem como escolha dos instrumentos e dos critérios de avaliação (Martins, 2008).

A definição dos critérios avaliativos se situa na compreensão do que é a avaliação educacional segundo as diferentes abordagens e correntes pedagógicas. No campo do processo avaliativo, três modalidades perpassam as práticas avaliativas nas escolas: diagnóstica, formativa e somativa. Em boa parte dos documentos pedagógicos escolares, hoje são indicadas as **avaliações diagnóstica e formativa**, tendo em vista as orientações das leis vigentes no país. Contudo, apesar disso, a realidade vivenciada no ambiente escolar é diferente. Não é raro ouvirmos de professores e estudantes que a avaliação se dá apenas por provas e exames ao final do trimestre ou do semestre.

Essa dicotomia ocorre quando professores não são incluídos no processo de elaboração das práticas avaliativas, que fica a cargo da equipe pedagógica, já que o professor, muitas vezes, se vê forçado a trabalhar com conteúdos que lhe são impostos (Martins, 2008).

Nesse contexto, existem intensas insatisfações com o trabalho docente, condicionado a elementos de controle e desvalorização profissional e sem considerar a importância desse processo na aprendizagem dos estudantes.

A seguir, veremos as três modalidades de avaliação que o docente deve conhecer, as quais, articuladas, contribuem para a análise dos processos de aprendizagem e de organização das práticas docentes.

Avaliação diagnóstica

A avaliação diagnóstica, como o próprio nome já aponta, tem como objetivo o estabelecimento de instrumentos de análise e diagnóstico da realidade observada. Miquelante et al. (2017), em referência aos estudos de Benjamin Bloom (1983), destacam que essa modalidade de avaliação tem por objetivo averiguar os conhecimentos sobre algo, tendo vista o previsto como critério de ensino. Pode ser empregada como sondagem para iniciar um novo conteúdo, ou seja, o professor pode realizar uma atividade diagnóstica para conhecer e compreender níveis, habilidades e competências já desenvolvidas nos estudantes e, então, partir disso para avançar na aquisição de novos conhecimentos.

A avaliação diagnóstica também pode ser usada para verificar as aprendizagens realizadas na escola ao se trabalhar com determinado conteúdo. Nesse caso, antes de prosseguir na abordagem do tema, o professor realiza uma avaliação diagnóstica para identificar como estão as aprendizagens, se há ou não necessidade de retomar o conteúdo ou se é possível explorar e aprofundar alguns temas em destaque.

Essa modalidade de avaliação permite trazer para o conhecimento do professor informações sobre o quanto os estudantes dominam determinados conhecimentos, habilidades e competências. De acordo com Luckesi (2000), possibilita que o professor verifique os caminhos percorridos pelo seu aluno e por ele mesmo, ajudando-o a tomar as melhores decisões para o prosseguimento do ensino em relação às metas traçadas. Além disso, orienta a reorganização dos procedimentos didático-pedagógicos sempre que necessário. Uma das características mais importantes da avaliação diagnóstica é que ela é preventiva; ao reconhecer potencialidades e dificuldades dos estudantes, o professor pode prever as reais necessidades de sua turma e trabalhar a partir disso.

IMPORTANTE!

A avaliação diagnóstica pode ser realizada a qualquer momento. No início do ano letivo, entretanto, possibilita ao professor conhecer com maior propriedade a realidade de cada estudante, o que cada um sabe ou não sabe. Para o professor, é imprescindível verificar o conhecimento prévio de cada um, constatando as condições necessárias para garantir a aprendizagem. Além disso, essa modalidade também pode ser utilizada como uma análise do ensino na escola como um todo, visto que os resultados das salas de aula de uma mesma série podem promover reflexões importantes para o planejamento e o replanejamento de propostas e atividades pedagógicas.

Avaliação formativa

A avaliação formativa, proposta por Scriven em 1967 (citado por Miquelante et al., 2017), reafirma o compromisso de que as práticas avaliativas devem considerar o percurso trilhado, evidenciando os desenvolvimentos formativos. É, ao mesmo tempo, processual, pois ocorre durante todo o tempo em que o estudante está na escola. Nesse sentido, são analisadas todas as situações de aprendizagem que revelam aprendizagens e fragilidades. Por exemplo, as provas realizadas devem servir como instrumentos de análise do que foi aprendido e como base para a elaboração de estratégias pedagógicas em relação ao que necessita ser revisto.

O que podemos observar notadamente é o emprego da prova com um único objetivo: classificação dos estudantes pelos acertos obtidos. Miquelante et al. (2017, p. 269) afirmam que "a avaliação formativa tem a função de fornecer um *feedback* informativo à medida que o aluno evolui, ou apresenta dificuldades nas etapas de estudo dos componentes considerados importantes na unidade de aprendizagem".

Bonesi e Souza (2006, p. 141) acrescentam que a avaliação formativa "possibilita ao professor acompanhar – passo a passo – as aprendizagens dos alunos, [...] permite ajudá-los em suas dificuldades de aprendizagem, uma vez que se constitui, talvez, na única modalidade de avaliação fundamentada no diálogo", fortalecendo o processo contínuo de formação integral para o desenvolvimento das competências de aprendizagem.

A avaliação formativa é utilizada para o aperfeiçoamento da aprendizagem, e não somente como um meio para aprovar ou reprovar o estudante. Macedo (2007, p. 118) esclarece:

> Uma avaliação formativa ajuda o aluno a compreender e a se desenvolver. Colabora para a regulação de suas aprendizagens, para o desenvolvimento de suas competências e o aprimoramento de suas habilidades em favor de um projeto. Um professor comprometido com a aprendizagem de seus alunos utiliza os erros,

inevitáveis, sobretudo no começo, como uma oportunidade de observação e intervenção. Com base neles, propõe situações-problema cujo enfrentamento requer uma nova e melhor aprendizagem, possível e querida para quem a realiza.

IMPORTANTE!

A avaliação formativa é baseada no diálogo e tem como escopo o ajuste constante do processo de ensino e aprendizagem. Nesse tipo de avaliação, até os "erros" se tornam preciosos, pois, ao serem corrigidos, trazem aos estudantes novas aprendizagens.

De acordo com Perrenoud (1999, p. 103), "é formativa toda avaliação que ajuda o aluno a aprender e a se desenvolver, ou melhor, que participa da regulação das aprendizagens e do desenvolvimento no sentido de um projeto educativo". Ou seja, essa modalidade permite que o estudante tenha uma postura participativa em seu desenvolvimento e crescimento.

IMPORTANTE!

A avaliação formativa pode ser efetivada com diferentes instrumentos, como observação dos estudantes em aula, entrevistas, lista de exercícios e observação dos cadernos e atividades de casa.

As principais características da avaliação formativa são:

- ~ deve ser realizada durante todo o processo de ensino-aprendizagem;
- ~ é contínua;
- ~ não tem caráter classificatório;
- ~ é baseada no *feedback* dos estudantes;

Desse modo, passa a representar não o fim do processo de aprendizagem, mas a escolha de um caminho a percorrer para a busca de uma escola verdadeiramente democrática. Assim, a educação passa a ser concebida como um processo de vivências múltiplas, no qual o educando é um ser ativo e dinâmico, que participa da construção de seu próprio conhecimento.

Avaliação somativa

A avaliação somativa tem o propósito de quantificar as aprendizagens. Geralmente realizada ao final do semestre, busca verificar e classificar o que foi aprendido em uma nota ou conceito. Miquelante et al. (2017, p. 270), apoiando-se nos estudos de Scriven (1967), explicam que "a avaliação somativa assume o papel de uma avaliação final que serve para julgar o valor dos currículos inteiramente acabados e aperfeiçoados pelo uso do processo de avaliação em sua função primeira (formativa)". As autoras explicam ainda que ela "tem por objetivo avaliar de modo geral em que grau os objetivos preestabelecidos foram atingidos. A frequência de aplicação e a posição ao longo do tempo do processo ensinar-aprender são outros fatores de diferenciação entre avaliação formativa e somativa da aprendizagem" (Miquelante et al., 2017, p. 271).

No contexto escolar, em muitos casos podemos observar o emprego da avaliação somativa somente para a verificação das aprendizagens.

IMPORTANTE!

Quando organizamos o processo avaliativo, é importante considerarmos a multiplicidade de modalidades e seus benefícios para a análise e a reflexão sobre as aprendizagens.

Assim, variar as estratégias avaliativas, incluindo avaliações formativas, diagnósticas e somativas, pode ser um caminho mais esclarecedor sobre as aprendizagens consolidadas. "O maior interesse de um processo de avaliação deveria recair no fato de ele ser verdadeiramente informativo e se tornar o momento e o meio de uma comunicação social clara e efetiva" (Bonesi; Souza, 2006, p. 141).

Mais do que criticar ou mudar metodologias e práticas docentes, é importante considerar o que é central no processo. A definição clara de objetivos e conteúdos deve embasar a elaboração dos critérios avaliativos e das atividades avaliativas.

> Todavia, conceber os percursos a serem trilhados pelos alunos para a apropriação de novos saberes exige do professor compreender o estágio de desenvolvimento em que se encontram, os saberes que dominam, as dificuldades que vivenciam para que, considerando inúmeras variáveis – que contemplam cada aluno, bem como o coletivo de alunos em sala – o professor organize atividades que permitam a cada um e a todos continuar evoluindo no apossar-se dos conhecimentos. (Bonesi; Souza, 2006, p. 142)

Nesse contexto, momentos para estudos e formação devem fazer parte do trabalho docente, de preferência na escola, pois, no coletivo entre professores, reflexões sobre as práticas podem enriquecer as aulas e as análises do processo avaliativo, superando-se práticas excludentes e classificatórias.

4.2
Avaliação da aprendizagem e concepções pedagógicas

No processo de avaliação educacional, as concepções sobre o ensino-aprendizagem influenciam o caminhar pedagógico. As modalidades descritas anteriormente dão conta da necessidade de articular diferentes processos avaliativos para compreender como se perpassam as aprendizagens. Algumas concepções pedagógicas têm por base o estudo e a compreensão das modalidades de avaliação como pressuposto para as concepções formadas sobre diferentes aspectos educacionais, desde a relação professor-estudante até a didática e o currículo.

A pesquisadora Pura Lúcia Oliver Martins (2008) resumiu, em seu livro *Didática*, quatro abordagens pedagógicas das escolas brasileiras – transmissão-assimilação, aprender a aprender, aprender a fazer e sistematização coletiva dos conteúdos – segundo a análise de elementos didáticos como objetivos, conteúdos, método e avaliação.

Retrocedendo um pouco na história da educação, vemos que diferentes concepções sobre o processo de ensinar foram incorporadas às escolas. Um ensino tradicional e com rigor se manifestou logo no início. Conforme Gómez Pérez (citado por Martins, 2008), o ensino do século passado preconizava uma didática instrumental, na qual o professor era considerado um "técnico" que dominava todo o conhecimento e apenas o repassava para os alunos. Nesse sentido, a escola era o espaço para a passagem do conteúdo; o professor era apenas o executor de tarefas, na organização do trabalho docente. Essa prática se manifestava como medida de controle sobre os processos e centralização do ensino. De acordo com Martins (2008), o planejamento passou a ocupar um lugar de destaque nos espaços escolares.

Nesse contexto, a avaliação da aprendizagem servia apenas para fins de classificação e mérito. Esse processo era empregado como forma de controle. As provas e os exames verificavam quanto os estudantes tinham assimilado do que havia sido apresentado.

Esse período foi marcado pelo ensino tradicional com foco na **transmissão-assimilação** dos conteúdos, que, conforme Martins (2008), se aproxima da proposta apresentada por Comênio no século XVII, segundo a qual deveria haver um único professor para várias turmas de alunos.

Comênio buscava, com sua didática, estabelecer uma relação mais próxima entre o conhecimento trazido pelos livros e a experiência, no contato com a natureza, despertando a sensibilidade para o aprender fazendo (Martins, 2008). Para tanto, "a disciplina passou a ser o elemento fundamental, todos deviam submeter-se a autoridade do professor e a ele responder com respeito e admiração" (Garcia, 2014, p. 316). A disciplina era condição essencial para a sua didática, pois sem ela os estudantes não aprenderiam. O castigo físico era utilizado como último recurso.

O foco era na exposição do conteúdo, e ao aluno cabiam a memorização e a assimilação. O professor era o detentor do conhecimento, a autoridade máxima, não havendo espaço para trocas e diálogos em sala de aula. Havia estímulo à competição, com recompensa aos melhores. Os conteúdos apresentados eram aqueles julgados socialmente necessários, reafirmando padrões sociais, distantes das realidades e dos contextos diversos das comunidades do entorno da escola. Experiências, vivências e saberes dos alunos não eram considerados, uma vez que o objetivo era a acumulação de conteúdos historicamente construídos pela humanidade (Martins, 2008).

IMPORTANTE!

No sistema de transmissão-assimilação, segundo Martins (2008), a avaliação se restringia à memorização dos conteúdos, realizada principalmente por meio de provas orais e trabalhos escritos, buscando-se a máxima disciplina durante o processo.

Outra proposta era a abordagem cognitivista humanista, que traz a concepção do **aprender a aprender**, embasada pelo movimento da Escola Nova. Nessa matriz, segundo Martins (2008), a educação é caracterizada como uma condição para o desenvolvimento do ser humano, e a escola é um espaço de experimentação para a vivência em sociedade. Nesse sentido, o foco do processo de aprendizagem está nas descobertas de como aprender. O professor é um orientador que oportuniza que os estudantes percorram o caminho da investigação rumo à aprendizagem. O mais importante não é o conhecimento, mas a aprendizagem do caminho.

Nesse sentido, atividades como pesquisas em grupo, entrevistas, observações e experiências são utilizadas como estratégias didáticas, priorizando-se as relações interpessoais. Com o foco no estudante, os conteúdos são direcionados às necessidades de desenvolvimento, aos processos mentais e psicológicos. As práticas avaliativas se fortalecem com estratégias de autoavaliação e dos comportamentos.

Os estudantes se avaliam quanto as suas aprendizagens e atitudes em sala de aula (Martins, 2008).

Em meados do século XX, com o avanço dos efeitos da Revolução Industrial, o pensamento sobre eficiência e produtividade extrapolou para diferentes setores da sociedade. Na escola, houve necessidade e incorporação do ensino técnico. Nesse modelo, as práticas docentes se orientam para a definição de estratégias de controle do tempo, com conteúdos programáticos necessários ao alcance do que foi estipulado como objetivo central. A ação de ensinar se configura na ação de vários professores, cada qual especialista em um assunto específico (Martins, 2008).

A ação em sala de aula se orienta no **aprender a fazer**, ou seja, professores organizam procedimentos didáticos a fim de que os estudantes aprendam a dar respostas concretas para o que foi apresentado. Desse modo, a avaliação é reguladora, explicitamente determinando o grau de aprendizagem por meio de testes objetivos que verifiquem a competência dos estudantes. Martins (2008) destaca outro aspecto dessa concepção de ensino: o foco no planejamento, ou seja, há uma equipe que elabora estratégias e atividades tanto procedimentais quanto avaliativas. Nesse caso, o professor de sala de aula aplica o que foi elaborado por terceiros.

A última abordagem apresentada pela pesquisadora também se situa no século XX, ainda quando as concepções sobre o ensino tecnicista se faziam muito presentes nas escolas. É uma mudança paradigmática que se originou dos estudos sobre a compreensão da educação como espaço amplo de aprendizagem, com o homem como sujeito histórico pertencente ao meio sociocultural. Conhecida como **sistematização coletiva do conhecimento**, ou **sociocultural**, essa abordagem enfatiza a importância das experiências sociais e culturais no desenvolvimento do indivíduo. O ensino é centrado na prática social decorrente da interação entre professores e estudantes, um processo ativo e contínuo, no qual o estudante é capaz de construir seu próprio conhecimento a partir de experiências e interações sociais. Para Martins (2008), a escola é o espaço no qual ocorre um processo de ação-reflexão-ação. Esse ciclo sugere que a aprendizagem mais eficaz se dá quando os estudantes estão envolvidos ativamente em situações de aprendizado prático, refletem sobre essas experiências e, em seguida, aplicam os *insights* obtidos em novas situações.

As práticas desempenhadas com embasamento nessa didática enfatizam a seleção e organização dos conteúdos e a problematização diante da prática social na relação professor-estudante. Assim, o processo avaliativo parte inicialmente da reflexão coletiva da turma; o professor, como mediador do processo, dá o espaço adequado para a mobilização das discussões, tendo em vista os critérios de aprendizagem.

A práxis como reflexão para uma prática transformadora contempla a concepção de educação de Paulo Freire, exposta em seu livro *Pedagogia do oprimido*, escrito no exílio por conta da ditadura militar, em 1968. De lá para cá, muitos estudiosos se debruçaram em suas reflexões. A pesquisadora Magda Soares (2018, p. 179) destaca que Freire foi muito além de criar um método; ele estabeleceu um quadro para uma nova concepção de educação, uma educação libertadora. A pedagogia libertadora, em linhas gerais, propõe "estimular a colaboração, a decisão, a participação, a responsabilidade social e política e, sobretudo, a construção de um sujeito autônomo" (Costa; Amaral, 2023).

Em sua obra, Freire caracteriza o ensino tradicional como uma educação bancária, na qual os estudantes ficam condicionados em seus "bancos" sem participar do processo de aprendizagem, apenas recebendo o que é passado. O termo *educação bancária* é associado a uma crítica ao sistema de ensino tradicional ao se fazer a comparação com um banco, em que o professor é visto como "depositante" de informações na mente dos alunos, e os alunos são vistos como receptores passivos dessas informações, "guardando" esse conhecimento sem uma participação ativa ou crítica. Nesse contexto, a educação bancária é entendida como limitadora, uma vez que não incentiva a participação ativa, a compreensão profunda ou a aplicação prática do conhecimento.

Freire (1989, p. 47) explica que "avaliar a prática é analisar o que se faz, comparando os resultados obtidos com as finalidades que procuramos alcançar com a prática". A avaliação e a prática caminham juntas e direcionam para uma melhoria da qualidade do processo de ensino e aprendizagem. Nesse sentido, professores e estudantes participam ativamente do processo avaliativo – o estudante sai de sua condição de apenas receber para a reflexão-ação e a formação de senso crítico sobre a realidade vivenciada, buscando a transformação. A avaliação, portanto, não é apenas o momento de atribuir notas aos alunos, e sim uma parte integrante do processo de aprendizado. Os alunos são incentivados a refletir sobre suas próprias experiências, ações e resultados, desenvolvendo senso crítico sobre o conhecimento adquirido e a forma como ele se relaciona com a realidade ao seu redor. Isso promove um entendimento mais profundo dos conceitos, uma vez que os alunos não apenas memorizam informações, mas também as aplicam, questionam e conectam com situações do mundo real.

Para tanto, é necessário analisar criticamente os objetivos previstos no processo de ensino e as concepções acerca de formação, ser humano, estudante, aprendizagem e ensino. Essas reflexões auxiliam no desenvolvimento da didática, bem como da avaliação, superando-se a fragmentação e buscando-se autonomia e transcendência.

4.3
Avaliação como forma de inclusão

Analisando as concepções de avaliação da aprendizagem, podemos perceber o quanto a avaliação carrega, na história da educação, amarras excludentes e classificatórias, tendo sido utilizada, em muitos momentos, como elemento de controle e de valorização dos que mais dominavam o conteúdo trabalhado. É evidente que, hoje, práticas excludentes e discriminatórias não cabem mais na educação. O ensino deve proporcionar a libertação e a valorização das capacidades individuais. Assim, ao analisarmos a avaliação, devemos entendê-la como instrumento para as práticas inclusivas.

A perspectiva da inclusão na educação ainda é complexa e cabem muitas reflexões sobre sua compreensão e sua efetividade nas escolas. Segundo informações da Secretaria Estadual de Educação do Paraná, "a inclusão educacional constitui a prática mais recente no processo de universalização da educação", com base em "princípios que visam à aceitação das diferenças individuais, à valorização da contribuição de cada pessoa, à aprendizagem através da cooperação e à convivência dentro da diversidade humana" (Paraná, 2023).

A avaliação deve orientar para a transformação. A escola é o espaço social no qual as interações ocorrem, e a inclusão deve se fazer presente no contexto escolar como um todo, das estruturas físicas à organização pedagógica. Muito mais que aceitar a matrícula de estudantes com deficiência, isso quer dizer garantir sua formação respeitando suas potencialidades, do mesmo modo que a todos os estudantes. Nesse sentido, é preciso considerar um processo de ensino e aprendizagem congruente com ritmos e tempos do aprender.

IMPORTANTE!

Na perspectiva inclusiva, as práticas avaliativas se configuram com foco no diagnóstico formativo. Mesmo havendo notas e conceitos, o processo formativo deve superar as instâncias quantificáveis. Em conjunto, professores, equipes e estudantes avaliam e são agentes do processo avaliativo, considerando avanços e limitações.

Com base nos diagnósticos, a prática docente pode ser revista conforme os objetivos e as necessidades apresentadas. Hoffmann (2001, p. 18) acrescenta que a avaliação deve se distanciar das "verdades absolutas, dos critérios objetivos, das medidas padronizadas e das estatísticas". Ao concebermos um processo legítimo e inclusivo, a melhoria na qualidade do ensino também representará ganhos para a sociedade como um todo.

Dessa maneira, a avaliação da aprendizagem deve se orientar para a ação-reflexão sobre o que o estudante já aprendeu e a forma como a didática pedagógica do professor pode desenvolver novas habilidades e competências, avançando no processo de aprendizagem. Marin e Braun (2018, p. 1015) explicam que "as análises realizadas até aqui levam a considerar que a avaliação da aprendizagem é, em primeira instância, um mapeamento que envolve o ensino, a aprendizagem e os apoios necessários para estudantes e docentes". Apoiando-se nos estudos de Capellini e Mendes, afirmam que os processos de avaliação da aprendizagem de estudantes com deficiência intelectual e autismo devem ser caracterizados "por agir, essencialmente, como instrumento regulador dos processos de ensino e de aprendizagem, ampliando e superando claramente os níveis de rendimento alcançados pelos alunos, somente como notas" (Capellini; Mendes, 2008, p. 9, citado por Marin; Braun, 2018, p. 1016).

A mediação nesse processo é extremamente necessária. A definição de objetivos claros e coerentes sobre o processo de ensino e aprendizagem deve levar em consideração as orientações pedagógicas e curriculares das instituições de ensino, mas também das aprendizagens já consolidadas pelos estudantes. No que diz respeito às dificuldades de aprendizagem, é importante compreender esse processo e identificar os caminhos possíveis para que o estudante possa avançar conforme seu processo e seu tempo de aprendizagem.

Mais do que planejar o que será trabalhado em sala, é preciso levar em conta o contexto, as demandas, as necessidades de aprendizagem, as potencialidades observadas, as dinâmicas e as interações sociais. Essas são questões que evidenciam práticas de formação integral, ou seja, que abrangem todas as dimensões da aprendizagem – cognitiva, emocional e social. Contudo, ainda hoje há, dentro da escola, concepções e práticas excludentes e preconceituosas, principalmente envolvendo estudantes com deficiência. Bolsanello, Moreira e Fernandes (2010), de acordo com estudos de Moreira (2004), afirmam que muitas escolas em todo o mundo enfrentam desafios significativos para a inclusão de estudantes com deficiência. Isso pode ser resultado de tais concepções e práticas excludentes e preconceituosas que persistem em alguns sistemas educacionais.

Tais práticas são premissas do ensino tradicional, com a figura do professor como responsável pela transmissão do conhecimento, não cabendo diálogo com os estudantes sobre suas aprendizagens. Superar essa ideia não é de responsabilidade única do professor; cabe uma reestruturação didático-pedagógica e social.

A base da transformação do pensamento inclusivo na escola se fortalece na formação docente também. Nesse sentido, políticas públicas de formação inicial e continuada na perspectiva da inclusão devem fortalecer a efetivação de programas de estudos e aprimoramento. Por meio do diálogo e da reflexão sobre a prática, é possível transformar práticas excludentes em ambientes inclusivos de respeito e valorização das aprendizagens e dos potenciais de cada estudante.

Assim como políticas sociais que evidenciam ações de combate ao preconceito e reafirmam a necessidade de uma sociedade inclusiva em todos os aspectos, para além do saber sobre a inclusão, é preciso conhecimento para realizar efetivamente práticas sociais e garantir direitos a todas as pessoas, independentemente de sua deficiência, reconhecendo que as pessoas são diferentes e viabilizando condições para que todos possam ter seus direitos assegurados. A Declaração de Salamanca estabeleceu princípios fundamentais para a educação inclusiva. Teve um impacto significativo no movimento global em direção à educação inclusiva e influenciou políticas educacionais em muitos países, encorajando a adoção de abordagens inclusivas para atender às necessidades de todos os alunos, independentemente de capacidade ou características individuais.

A avaliação da aprendizagem, em uma perspectiva inclusiva, deve considerar as singularidades de cada pessoa, tendo como base os objetivos previstos no processo de ensino. Uma avaliação igual para todos, com vistas à verificação dos objetivos propostos, não evidenciará as aprendizagens. A avaliação deve ser compreendida como processo, não como foco e fim do ciclo de aprendizagem. Assim, é importante considerarmos diferentes instrumentos avaliativos, que, articulados, podem oportunizar uma avaliação democrática e condizente, respeitando-se as diferentes formas de aprender. Isso "pressupõe a compreensão de que incluir não é uma condição exclusivamente relacionada às pessoas com deficiências, transtornos ou síndromes, e sim algo que diz respeito ao convívio com as mais variadas formas de pensar e agir, ampliando a concepção de respeito às diferenças" (Curitiba, 2020, p. 41).

4.4
Inter-relação da avaliação com componentes curriculares da escola

A organização do ensino, como já apresentamos, está intimamente relacionada com as concepções pedagógicas sobre ensinar e aprender. A natureza desses processos postula uma estrutura curricular que se adapte às dinâmicas preestabelecidas. Segundo a Lei de Diretrizes e Bases da Educação Nacional (LDB),

> Art. 27. Os conteúdos curriculares da educação básica observarão, ainda, as seguintes diretrizes:
>
> I – a difusão de valores fundamentais ao interesse social, aos direitos e deveres dos cidadãos, de respeito ao bem comum e à ordem democrática;
>
> II – consideração das condições de escolaridade dos alunos em cada estabelecimento;
>
> III – orientação para o trabalho;
>
> IV – promoção do desporto educacional e apoio às práticas desportivas não formais.

Art. 28. Na oferta de educação básica para a população rural, os sistemas de ensino promoverão as adaptações necessárias à sua adequação às peculiaridades da vida rural e de cada região, especialmente:

I – conteúdos curriculares e metodologias apropriadas às reais necessidades e interesses dos alunos da zona rural;

II – organização escolar própria, incluindo adequação do calendário escolar às fases do ciclo agrícola e às condições climáticas;

III – adequação à natureza do trabalho na zona rural. (Brasil, 1996)

A partir de 2018, com a Base Nacional Comum Curricular (BNCC), os conteúdos curriculares de todo o país foram revistos para atender aos objetivos de aprendizagem de cada série/ano e etapa da educação básica.

IMPORTANTE!

Com a nova reestruturação curricular, as práticas docentes passaram a se orientar sob a ótica das habilidades e competências.

Uma questão importante, ao analisarmos a organização dos componentes curriculares na BNCC, é a seleção das unidades temáticas. Em vários componentes, a unidade temática aparece em todos os anos do ensino fundamental (do 1º ao 9º ano), garantindo a transversalidade de conteúdos. Por exemplo, no componente curricular Ciência, Matéria e Energia, Vida e Evolução e Terra e Universo aparecem em todos os anos do ensino fundamental. O objetivo é garantir a aprendizagem das competências de ciências. Assim, o grau de aprofundamento das temáticas é desenvolvido com o passar dos anos.

Pensando-se na perspectiva da avaliação e da aprendizagem, conteúdos conexos garantem espiralidade e conexão, saindo da concepção tradicional de conteúdos compartimentalizados para a interação entre o saber e o contexto social. Santos (2009) expõe que a fragmentação do ensino desconsidera a complexidade do conhecimento ao dividi-lo em áreas, descontextualizando a ação pedagógica e sua relação com o saber.

Nessa visão, as práticas compartimentalizadas fogem da realidade vivenciada mundo afora, na qual problemas e situações vivenciadas se articulam, instigando o uso de diferentes conhecimentos para resolver uma questão. Por esse motivo, a BNCC tem como base as competências articuladas às vivências e experiências. Em sala de aula, os professores devem organizar seus planejamentos para buscar a conexão entre os diferentes saberes. Situações-problema, assembleias e rodas de conversa possibilitam a articulação e a reflexão sobre as questões apresentadas.

DICA

Integrar diferentes componentes curriculares, por meio de projetos, por exemplo, é uma alternativa interessante para o trabalho pedagógico mais efetivo e significativo para os estudantes, pois eles podem aplicar os conceitos aprendidos em outras áreas, para a construção de um novo saber.

Ampliando-se a discussão para além da integração curricular, têm sido debatidas as práticas transdisciplinares na educação. Busca-se discutir as concepções sobre a avaliação da aprendizagem na perspectiva formativa, de modo a considerar o processo de reflexão a partir do conhecimento mais amplo, na interpelação entre as diferentes áreas do saber, articuladas ao contexto e às vivências do cotidiano.

Segundo Martins (2008), a organização e a seleção dos conteúdos são um trabalho importante do professor para o planejamento. Nele, são definidos objetivos e critérios avaliativos. Ao mesmo tempo, o docente deve articular essa demanda às necessidades de aprendizagem dos estudantes, valorizando suas conquistas e considerando o contexto que vivenciam. Isso não é uma tarefa fácil; requer formação e experiência.

Entretanto, em muitas escolas brasileiras, fica evidente a distância dos conteúdos em relação às necessidades e aos contextos dos estudantes. Em muitos casos, os conteúdos já vêm predeterminados pela instituição ou pelo órgão superior, não sobrando margem para a organização e a conexão entre temas a fim de garantir o significado e a efetividade do trabalho docente (Martins, 2008). A matriz avaliativa segue o mesmo caminho. Deslocando-se da função docente, as práticas avaliativas ficam à mercê dos conteúdos, e não do processo de ensino. Uma vez que o foco se concentra no reconhecimento do conteúdo ministrado, a avaliação da aprendizagem perde sua essência de servir como parâmetro para a reconfiguração do trabalho docente, já que o aspecto central é a aquisição do conteúdo.

As reflexões até aqui apresentadas demonstram o quanto cada etapa do processo didático está articulada com as demais e como as concepções sobre educação orientam processos didáticos, curriculares e avaliativos. A percepção sobre o trabalho do professor pode contribuir para a fragmentação ou para a transcendência do ensino. Para Martins (2008), a prática docente não é neutra, pois é sempre influenciada por uma variedade de fatores, incluindo a orientação pedagógica teórica adotada pelo docente. Cada professor traz consigo suas próprias crenças, valores, experiências e perspectivas, que moldam a maneira como ele aborda o ensino e interage com os alunos.

O professor como mediador das relações entre conhecimento e aprendizagem pode ser considerado uma prática transformadora. A avaliação, nesse caso, pauta-se em ações concretas processuais, e professores e estudantes caminham juntos, com foco nas aprendizagens construídas e nos possíveis caminhos para novos conhecimentos. Luckesi (2011, p. 264) corrobora essa ideia explicando que a avaliação é "uma atribuição de qualidade com base em dados relevantes da aprendizagem dos educandos, para uma tomada de decisão".

Avaliação para a conscientização sobre seu processo formativo – essa reflexão deve fazer parte dos encontros de professores para a definição dos conteúdos curriculares. Sob esse aspecto, é necessário pensar na formação de professores. Diferentes pesquisas evidenciam a relatividade da aprendizagem didática do currículo e da avaliação, com políticas docentes que orientam a participação ativa de professores e equipes pedagógicas. Contudo, em muitos casos, os currículos projetados são apenas apresentados aos docentes, que devem compreendê-los e aplicá-los em sala de aula. Libâneo (2013, p. 161) expõe que

> a formação de professores precisa buscar uma unidade do processo formativo. A meu ver, essa unidade implica reconhecer relações teóricas e práticas mais sólidas entre a didática e a epistemologia das ciências, a fim de romper com a separação entre conhecimentos disciplinares e conhecimentos pedagógico-didáticos.

Portanto, o processo de ensino-aprendizagem mediatizado pela prática social possibilita processos avaliativos críticos e coerentes. Uma matriz curricular organizada pelos professores com base nas orientações legais facilita a articulação, pelo próprio professor, dos diferentes saberes para a construção do conhecimento. Para tanto, desde a formação inicial, é preciso conectar teoria e prática orientada, de modo que a ação didática-currículo-avaliação siga a mesma concepção de educação, aquela para a libertação, a autonomia e o crescimento político-social.

Síntese

Este quarto capítulo teve por objetivo analisar a natureza das práticas avaliativas na interpelação entre currículo e superação da exclusão, em busca de práticas inclusivas que respeitem tempos e ritmos de aprendizagem. Iniciamos o capítulo apresentando as modalidades de avaliação: diagnóstica, formativa e somativa.

A avaliação diagnóstica, como próprio nome já aponta, tem como intuito estabelecer instrumentos de análise e diagnóstico da realidade observada. Já a avaliação formativa é empregada para o aperfeiçoamento da aprendizagem, e não somente como um meio para aprovar ou reprovar o estudante. A avaliação somativa, por fim, busca quantificar as aprendizagens; geralmente realizada ao final do semestre, verifica e classifica o que foi aprendido em nota ou conceito. Hoje, em boa parte dos documentos pedagógicos escolares, as avaliações mais indicadas são a diagnóstica e a formativa, tendo em vista as orientações legais do país.

Na sequência, tratamos da avaliação da aprendizagem e das concepções pedagógicas. Retrocedemos no tempo e apresentamos como essa relação se dá desde o século XVII. Também abordamos a avaliação como forma de inclusão e destacamos que a perspectiva da inclusão na educação ainda é complexa, exigindo muitas reflexões sobre sua compreensão e efetividade nas escolas. É válido ressaltar que a avaliação deve orientar para a transformação e que a escola é o espaço social no qual as interações ocorrem, por isso a inclusão deve se fazer presente em todo o contexto escolar, das estruturas físicas à organização pedagógica. Muito mais que aceitar a matrícula de estudantes com deficiência, a escola deve garantir sua formação respeitando suas potencialidades, do mesmo modo que a todos os estudantes. Nesse sentido, um processo de ensino e aprendizagem deve respeitar ritmos e tempos do aprender.

Para finalizar, discorremos sobre a inter-relação da avaliação com os componentes curriculares da escola. Vimos que, na perspectiva da avaliação e da aprendizagem, conteúdos interligados garantem espiralidade e conexão.

Atividades de autoavaliação

1. No campo do processo avaliativo, três modalidades perpassam as práticas avaliativas nas escolas. Quais são elas?
    a) Diagnóstica, formativa e somativa.
    b) Orientadora, formativa e extremista.
    c) Prova, ditado e autoavaliação.

d) Diagnóstica, orientadora e autoavaliativa.

e) Orientadora, autoavaliativa e somativa.

2. O ensino do século passado preconizava uma didática instrumental. Qual era o principal papel do professor nessa época?

a) Mediador.

b) Técnico.

c) Mentor.

d) Cuidador.

e) Grande visionário.

3. A práxis como reflexão para uma prática transformadora embasa a concepção de educação de Paulo Freire. Qual importante obra foi escrita por esse autor em 1968?

a) *Pedagogia da autonomia*.

b) *Pedagogia da esperança*.

c) *Pedagogia do oprimido*.

d) *A importância do ato de ler*.

e) *El grito manso*.

4. A partir de 2018, com a BNCC, os conteúdos curriculares de todo o país foram revistos para atender aos objetivos de aprendizagem de cada série/ano e etapa da educação básica. Assim, as práticas docentes devem ser orientadas e planejadas com base em:

a) objetivos de aprendizagem.

b) orientações regionais.

c) competências eletivas.

d) habilidades e competências.

e) conteúdos predeterminados.

5. Leia o parágrafo a seguir.

A _____ é complementar à abordagem disciplinar; ela faz emergir novos dados a partir da confrontação das disciplinas que os articulam entre si; oferece-nos uma nova visão da natureza e da realidade.

Agora, assinale a alternativa que completa corretamente a lacuna:

a) Efetividade.
b) Lei de Diretrizes e Bases da Educação Nacional (LDB).
c) Base Nacional Comum Curricular (BNCC).
d) Educação inclusiva.
e) Transdisciplinaridade.

Atividades de aprendizagem

Questões para reflexão

1. Um processo de ensino-aprendizagem em que se empreguem processos avaliativos críticos é mais coerente? Por quê?
2. Como a avaliação da aprendizagem é tratada na BNCC?

Atividade aplicada: prática

1. A avaliação deve orientar para a transformação, ou seja, deve nortear as práticas em sala de aula. Imagine-se como pedagogo(a) de uma escola básica. Como você orientaria a equipe de professores quanto às práticas avaliativas em sala de aula? Quais argumentos utilizaria para demonstrar a importância do processo de avaliação como componente de aprendizagem?

capítulo 5

Avaliação e metodologia

Avaliar é uma tarefa primordial a cada etapa da vida, sem a qual não percebemos a evolução em nenhum setor da sociedade. Como tal, a avaliação requer preparo e entendimento sobre o que e por que avaliar, para que seus objetivos sejam atingidos e possam servir como parâmetro para novos desdobramentos.

Neste capítulo, trataremos da avaliação no contexto educacional e, ainda, como dimensionadora na formação humana, destacando projetos educativos e a forma como eles podem ser utilizados para relacionar a avaliação com as esferas sociais. Buscaremos esclarecer como a avaliação é provocativa e como desafia a sociedade a dialogar e refletir sobre o objeto do conhecimento, com vistas a desenvolver ações educativas que permitam novas possibilidades.

5.1
A avaliação e a relação com diferentes metodologias de ensino

A avaliação é uma tarefa que, direta ou indiretamente, influencia o sistema de ensino-aprendizagem em todos os seus aspectos. A busca do ensino sem uma ferramenta para realizar a análise dos objetivos atingidos torna a tarefa sem sentido e incapaz de colaborar para a análise da vida em sociedade, sob todos os aspectos.

Os métodos avaliativos auxiliam durante o período letivo ou fase escolar, em busca de qualidade. O que percebemos, porém, é que as avaliações não acontecem como deveriam, pois têm o intuito primordial de atribuir notas, utilizando modelos preconcebidos e que não têm significância social na vida dos educandos. Em última análise, as avaliações servem para que os valores atribuídos se tornem ferramentas de segregação, e não de análise real sobre o que foi aprendido.

Esse entendimento torna a tarefa de avaliar carente de formas que democratizem o conhecimento e elevem a sociedade a outros patamares muito além da meritocracia. A Lei de Diretrizes e Bases da

Educação Nacional (LDB) determina que a avaliação escolar seja um processo contínuo e acumulativo; além disso, a qualidade da avaliação deve prevalecer sobre a quantidade.

Desde os primórdios, a avaliação é discutida e repensada conforme o momento social e o espaço em que está inserida, o que naturalmente compreendemos como diferente a cada época. Cada período se traduz em costumes e tradições, os quais se refletem no processo de ensino-aprendizagem, seja formal, seja não formal, e nos métodos avaliativos. Isso explica o que se entende em cada momento como primordial para o desenvolvimento da sociedade. Afinal, avaliar torna-se naturalmente inerente a todas as atividades, e a análise periódica precisa acontecer. O que foi importante em um momento pode não ser mais na atualidade.

Avaliar e ser avaliado é um processo natural. Conforme Belloni (2001), a avaliação é uma sequência corriqueira e espontânea realizada por qualquer indivíduo em relação a qualquer atividade humana; é, assim, um instrumento fundamental para conhecer, compreender, aperfeiçoar e orientar as ações de indivíduos e grupos. Compactuando com esse pensamento, podemos dizer que a avaliação faz parte de nosso dia a dia, mas muitas vezes não percebemos sua existência. Isso porque falar em avaliação remete a provas a serem feitas; esse pensamento de que avaliação é prova e serve para obtenção de notas não é algo novo. Libâneo (1994a, p. 195), para rebater essa ideia, afirma que a avaliação é "uma tarefa complexa que não se resume à realização de provas e atribuição de notas". A mensuração, portanto, é responsável por fornecer dados, que devem ser submetidos a uma apreciação qualitativa para que a avaliação consiga atingir um objetivo maior que simplesmente obter um número classificatório.

A avaliação não é apenas um arcabouço teórico ou algo que está ligado diretamente aos processos educacionais. Pertence a processos de formação, bem como à concepção de educação e de sociedade. Caldeira (2000, p. 122, citado por Chueiri, 2008, p. 51) define a avaliação como "um meio e não um fim em si mesma; está delimitada por uma determinada teoria e por uma determinada prática pedagógica". De acordo com Raphael (1995, p. 34),

A qualidade técnica de um processo avaliativo reside, essencialmente, no aprimoramento dos instrumentos utilizados. Estes instrumentos têm o objetivo de obter dados de medida que formarão um conjunto ao qual será atribuído o juízo de valor. Estes dados que servirão ao julgamento necessitam ter qualidades técnicas para que o juízo seja aceitável. Devem ainda ser coerentes com a totalidade do processo, pois nesta fase são decididas questões como: para que servem os dados? Que informações são necessárias? Como serão obtidas as informações? A quem caberá esta tarefa?

Tal análise permite concluir que a avaliação não ocorre apenas em um momento específico, mas está presente em todo o processo educacional; é um instrumento que se concebe desde o início até a finalização do trabalho docente. O professor não deve ignorar nem mesmo se abster de seu papel como avaliador no processo de ensino e aprendizagem, utilizando esse instrumento e tornando-o um elemento de sua prática diária. Para Chueiri (2008, p. 52), "a avaliação, como prática escolar, não é uma atividade neutra ou meramente técnica, isto é, não se dá num vazio conceitual, mas é dimensionada por um modelo teórico de mundo, de ciência e de educação, traduzida em prática pedagógica".

A prática pedagógica do educador está diretamente ligada ao processo de avaliação e influencia diretamente o ensino-aprendizagem, o que levará a um resultado final em habilidades, comportamentos e concepções de seus educandos. Devemos enfatizar: "Na condição de avaliador desse processo, o professor interpreta e atribui sentidos e significados à avaliação escolar, produzindo conhecimentos e representações a respeito da avaliação e acerca de seu papel como avaliador, com base em suas próprias concepções, vivências e conhecimentos" (Chueiri, 2008, p. 52).

> **IMPORTANTE!**
> *Avaliar* implica provocar, desafiar o aluno a refletir sobre o que vivencia diariamente, formular hipóteses na busca de um saber final enriquecido, proporcionando a oportunidade de diálogo sobre o objeto do conhecimento, o que exige aprofundamento nas diferentes áreas do saber, com ações educativas que permitam novas descobertas.

Demo (2000, p. 18) afirma que a "avaliação, ao contrário do que se aventa, é feita para classificar, busca comparar, contrasta as pessoas sobre cenários onde sempre há quem esteja mais em cima e quem esteja mais em baixo". Para Luckesi (2010, p. 29),

> A avaliação da aprendizagem escolar no Brasil, hoje tomada *in genere*, dentro do que se entende como metodologia tradicional, está a serviço de uma pedagogia dominante que, por sua vez, serve a um modelo social dominante, o qual, genericamente, pode ser identificado como modelo social liberal conservador.

Muitos se preocupam com ensino e aprendizagem no Brasil, questionam onde está o erro na educação e colocam os alunos como principais culpados por serem desinteressados. Essa visão que culpa os educandos, de acordo com Dias Sobrinho (2008, p. 202), demonstra que todos os instrumentos avaliativos utilizados hoje em dia nas escolas "não são suficientes para a compreensão de uma realidade tão complexa como a educação e, se exclusivos, tampouco são instrumentos capazes de levar a grandes transformações pedagógicas".

Podemos perceber que a avaliação escolar tem servido para reconhecer a presença ou não de determinado conteúdo e/ou conhecimento. Contudo, se pararmos para pensar sobre os métodos empregados, veremos que não são (mesmo) satisfatórios. Como exemplo prático, podemos considerar uma prova de Matemática: muitas vezes o professor exige nas avaliações que o cálculo seja feito passo a passo ao modo do professor, seguindo seu modelo – mas, se o aluno consegue desenvolvê-lo sem a necessidade de todos os passos determinados pelo professor, o cálculo não é aceito? Isso poderá gerar mais conflitos e nenhum ganho na aprendizagem!

5.2 Métodos de avaliação

Quando pesquisamos sobre avaliação e seus métodos, podemos obter um rico material, com vários tipos de avaliação. Justamente por isso, não é necessário nos prendermos a apenas uma forma de avaliar, pois os objetivos da aprendizagem vão muito além de quantificar e classificar.

Assim, podemos perceber que a metodologia, ou o método de avaliação, nada mais é que direcionar para algum objetivo na busca da chegada. O termo *metodologia* pode ser explicado também como uma ferramenta que educadores usam para transmitir seus conhecimentos aos alunos. Portanto, a metodologia é a soma das atitudes que moldam as formas como os docentes ministram suas aulas e como lidam com o conhecimento então transmitido. Nesse processo, podem ser empregadas várias ferramentas, como leituras, produções e interpretações textuais e gráficas, recursos visuais, recursos sonoros, análise de documentos históricos e de fontes materiais e imateriais, bem como de objetos de arte, visitas. Enfim, existe uma gama de atividades a serem desenvolvidas e exploradas pelo professor com o intuito maior de sempre obter conhecimentos, desenvolver aptidões e proporcionar crescimento à sociedade em que o aluno está inserido.

Entre os tipos de avaliação, que são muitos e dependem de cada sociedade e/ou região, encontram-se a avaliação diagnóstica, a formativa e a somativa, vistas no capítulo anterior.

5.3
Projetos educativos e múltiplas dimensões da formação humana

Entre os múltiplos componentes da prática pedagógica, a avaliação é talvez aquela que provoca mais debates, pois resultados insatisfatórios dos alunos são evidências que denunciam inconsistências do processo de ensinar e aprender. Avaliações seguidas de reprovações podem se relacionar com o baixo desempenho escolar.

O entendimento da avaliação como um fim em si mesma, que analisa o alcance de objetivos propostos de forma mais ampla, é algo recente e é responsável pelo redimensionamento multifacetado da formação humana, ou seja, está em todas as instâncias. O ato de avaliar é inerente ao homem; sem ele não é possível concluir se algo foi apreendido ou não de forma contundente ou se é necessário um novo formato avaliativo, que dê conta de efetivamente ensinar e proporcione à humanidade o caminhar em busca de evolução, em todos os sentidos.

Tal como os conteúdos escolares e a metodologia empregada nas aulas, a avaliação é definida com base em pressupostos que contribuem para transformar ou manter determinantes sociais.

Embora questões burocráticas exijam notas, conceitos, aprovações e reprovações, ao professor é dada maior possibilidade para realizar um processo avaliativo que seja coerente com as necessidades de desenvolvimento dos estudantes, forçando os limites presentes às condições apresentadas na realidade e à medida que tem maior consciência de sua ação.

O debate sobre avaliação demanda pensar o conceito de qualidade a ela atrelado e a quem se destina. A avaliação, hoje, é definida por critérios capitalistas, o que exige escolher e classificar o que se precisa para atender às demandas do mercado de trabalho. Em contrapartida, a qualidade da formação humana para o trabalho incorpora mediações e ensino que busquem a promoção do aprendizado e do desenvolvimento. De forma nenhuma a busca pela qualidade deve fragilizar o vínculo ensino-aprendizagem ou, ainda, suprimir estudantes do ambiente educacional, pois a finalidade da escola deve ser sempre a maximização das potencialidades de cada aluno.

Quando podemos avaliar de forma consciente sob uma perspectiva formativa, podem ser estabelecidos diversos procedimentos operacionais para que tal objetivo seja atingido, tais como notas, conceitos, instrumentos tradicionais, entre vários outros possíveis. Deve ser garantida, nesse caso, uma escolha consciente dos instrumentos mais adequados para a situação, assegurando-se uma avaliação processual, dialógica e potencializadora de novos encaminhamentos e de um redimensionamento do ensino.

É importante destacar que mesmo o mais criativo instrumento avaliativo somente vai constituir-se em avaliação se estiver ligado e compromissado com a socialização dos conhecimentos, já que o modo como entendemos a avaliação e seu vínculo com a educação determina o sentido e a finalidade dos procedimentos. Operacionalizar tais fatos é essencial para a efetivação dos propósitos da educação, sem esquecer que tal efetivação é dirigida pela matriz teórica do fazer pedagógico e dos propósitos da educação.

Em suma, podemos dizer que avaliar integra a premissa de fortalecimento da função da escola em sua colaboração para que sejam estabelecidas relações sociais mais justas, com a exigência absoluta de uma consciência docente, sem a qual nada se concretiza.

IMPORTANTE!

O ato avaliativo precisa se posicionar para além da pura e simples classificação ou verificação ou não será coerente com uma proposta educacional que valorize a formação humana e promova o desenvolvimento em todas as suas esferas.

A avaliação como instrumento de democratização do ensino precisa levar em conta, como defende Silveira (2019), novas configurações de tempo, espaço e projeto político-pedagógico, que considerem aspectos histórico-culturais e consigam enfrentar a hegemonia capitalista.

A escola, ao exercer sua função social de educar, deve estar atenta às dimensões que permeiam o processo formativo. Desenvolver ações com os estudantes significa ultrapassar as fronteiras do tecnicismo fragmentado e transcender o conteudismo conservador das práticas escolares e sua tendência a se preocupar em preparar mão de obra para o trabalho, além de enxergar os novos horizontes.

A nova linguagem escolar transpõe o palavreado disperso daqueles que entenderam, durante anos, que fazer escola é disciplinar, ensinar a obedecer sem saber exatamente o porquê e não revelar projetos de crianças e jovens capazes de produzir conhecimento. Atualmente, as escolas que buscam desenvolver uma prática de qualidade estão atentas à formação global e holística, que proporciona às crianças a vivência da criatividade, da ludicidade, da relação escola-família, da cooperação e do exercício da cidadania. As escolas precisam reconhecer seu papel como agentes formadores de cidadãos completos e, com tais premissas, destacar as dimensões educativas dessa prática formativa, principalmente nas ações escolares.

Abordagem histórica e objetivos dos projetos na escola

O trabalho com projetos na escola tornou-se mais difundido a partir de 1990, e isso significa que tudo foi repensado: currículo, avaliação e objetivos da educação escolar. O intuito principal dessa prática é fazer com que o aluno se envolva nas atividades educativas.

Não causaria estranheza dizer que os projetos educacionais são mudanças, inovações, até mesmo transformações de ideias em resultados. Bem elaborados e executados, ultrapassam os limites da escola. Essas mudanças, porém, requerem objetivos bem definidos, em função das necessidades ou dos interesses de alguns educadores, visando à melhoria do processo educativo.

> **IMPORTANTE!**
>
> Em um projeto, o professor precisa evidenciar o conteúdo a ser aprendido pelos alunos e os motivos de sua realização. Uma das características do trabalho com projetos é que permitem uma participação ativa e empírica – o aluno se torna ativo no processo: ele vai interagir de diferentes maneiras em todas as etapas de sua execução.

O professor deve ser o mediador, introduzindo a técnica do trabalho com projetos aos poucos, de modo que o aluno perceba sua importância. Hoje, os educadores estão cientes de que o modelo de ensino tradicional não corresponde mais às exigências da sociedade atual. O currículo organizado em disciplinas fragmentadas, sem nexo entre elas, tende a ser substituído, pois é fato que os educadores querem uma escola mais próxima da sociedade atual, na qual os alunos participem mais do processo educativo. Considera-se que os projetos são importantes porque motivam a aprendizagem, com o emprego de novas metodologias, e também porque podem desenvolver a criticidade dos estudantes durante a participação nas atividades.

O desenvolvimento de análise crítica prepara o aluno não só para o mercado de trabalho como também para o desenvolvimento e a vida em sociedade, pois se aprende a estudar e pesquisar.

Um dos marcos da evolução dos seres humanos e de uma sociedade é sua capacidade de planejar, pensar adiante, prever seu futuro para melhorá-lo – em outras palavras, sua capacidade de se projetar. Projetar-se ou lançar-se adiante pode dar uma ideia da dimensão do que se espera com o trabalho por projetos. A sociedade de projetos, que vem se configurando nos últimos anos, exige cidadãos que observem sistematicamente os fatos, que pesquisem dados e que façam análises cuidadosas da realidade.

Os projetos educacionais surgiram dos mesmos princípios do método de solução de problemas. Por isso, não é incomum entendermos ambos como assemelhados. A diferença entre eles consiste no seguinte: o método de **solução de problemas** tem principalmente um caráter intelectual; já o **projeto** é mais amplo e vital, pois nele intervém todo tipo de atividades – manuais, intelectuais, estéticas e sociais. Todo projeto é um problema, mas nem todo problema é um projeto.

Convém ainda destacar alguns recortes históricos referentes ao tema, especialmente os nomes de Johann Heinrich Pestalozzi e Friedrich Froebel, que, já no século XVIII, apontavam a necessidade de uma educação voltada especificamente para interesses e necessidades infantis. Adolphe Ferrière, Nadejda Krupskaia e, em seguida, Anton Makarenko realizaram experiências com projetos educacionais integrados no início do século XX. De Johann Heinrich Pestalozzi a Maria Montessori e Jean-Ovide Decroly, há a defesa dos temas lúdicos e o ensino ativo. Montessori apontava a necessidade da atividade livre e da estimulação sensorial e motora, e Decroly sugeria a aprendizagem globalizadora em torno dos centros de interesse.

Célestin Freinet, pedagogo francês, na década de 1930, propôs a valorização do trabalho e da atividade em grupo para estimular a cooperação, a iniciativa e a participação. Ampliando nossa pesquisa histórica, devemos mencionar John Dewey, filósofo e pedagogo estadunidense, e William Heard Kilpatrick, também pedagogo estadunidense, que, na década de 1920, acentuaram a preocupação em tornar o espaço escolar um espaço vivo e aberto ao real.

Dewey, professor de Filosofia e de Psicologia na Universidade de Chicago (1984), criou uma "escola laboratório" para crianças, na qual pôs em prática suas técnicas educativas. Em vez do clima autoritário tradicional, induziu o compromisso livre e a democracia, em que a criança não ia para a escola para adquirir conhecimentos que lhe serviriam, quem sabe, mais tarde; ela ia para a escola para resolver problemas que enfrentava em seu ambiente. O professor era um guia, que aconselhava e ajudava como um colega mais experiente. Dewey procurou fazer com que a criança atuasse em vez de somente ouvir, que fizesse seus próprios experimentos em vez de aceitar, sem espírito crítico, as informações recebidas.

Partindo dessa premissa, podemos compreender que o trabalho com as crianças não pode ser unicamente verbal, sem um fim conciso. Pelo contrário, deve estar orientado para um fim prático e bem definido, para a realização de um projeto educacional pessoal livremente escolhido, que pode ser construir um brinquedo, fazer objetos de cerâmica ou dramatizar uma situação, entre tantas outras possibilidades.

A virada do século XIX para o XX encontrou um movimento educacional muito importante, denominado **Escola Nova**. Esse movimento uniu educadores de vários pontos da Europa e da América do Norte e, aos poucos, foi estendendo-se a outros continentes. Os fundadores da Escola Nova, como Decroly, Montessori e Dewey, fizeram críticas à escola tradicional, problematizando a função social, o papel do professor e do aluno e a organização do trabalho pedagógico. Desde o início, a tentativa de implementar uma nova forma educativa se deparou com alguns entraves, e um deles foi o fato de a concepção tradicional de programa escolar ser uma lista interminável de conteúdos fragmentados, obrigatórios, uniformes, previamente definidos e autoritariamente cobrados.

O grande problema na superação das dificuldades verificadas nesse sistema educacional acabou levando à implantação do sistema de educação por projetos, gerando um novo modo de organizar o ensino — as unidades de ensino, muito divulgadas na educação brasileira. Porém, esse processo de adequação fez com que elementos importantes relacionados aos projetos fossem esquecidos e interpretados equivocadamente.

Historicamente, os projetos educacionais foram construídos com o objetivo de inovar, de romper a apatia da escola tradicional. Seus criadores tinham o compromisso de, com os projetos, transformar a realidade, com o desejo e a coragem de assumir o risco de adotar uma inovação e a convicção de que era preciso promover uma nova postura profissional.

Portanto, o trabalho com projetos inclui considerar o contexto sócio-histórico, e não apenas o ambiente imediato, além do conhecimento das características dos grupos de alunos envolvidos e da atenção às temáticas contemporâneas e pertinentes à vida das crianças. O trabalho com projetos na escola é uma abordagem pedagógica que visa envolver os alunos em aprendizagens significativas, práticas e contextualizadas. Em vez de apenas buscarem transmitir informações de forma isolada, os projetos incentivam os alunos a explorar tópicos de interesse de maneira mais profunda e integrada, aplicando conhecimentos e habilidades de diversas disciplinas para resolver problemas do mundo real. Essa abordagem promove o engajamento dos alunos, o pensamento crítico, a colaboração e a autonomia.

No Brasil, Paulo Freire, considerado um dos grandes pedagogos da atualidade, é destaque na introdução do debate político e da realidade sociocultural no processo escolar com a educação libertadora e os chamados *temas geradores*, que são os assuntos que centralizam o processo educativo.

Jurjo Torres Santomé, professor de Didática e Organização Escolar da Universidade de Corunha, na Espanha, e Fernando Hernández, pesquisador espanhol da Universidade de Barcelona, na década de 1990, entendiam que a complexidade do projeto educativo deve ser abordada por um enfoque globalizador, no qual é preciso que a interdisciplinaridade esteja presente.

IMPORTANTE!

Hernández e Freire defendem a ideia de que o aluno aprende participando, tomando atitudes diante dos fatos, investigando, construindo novos conceitos e informações e selecionando os procedimentos apropriados diante da necessidade de resolver problemas.

Já Miguel Arroyo defende a presença de temas emergentes na escola, de um currículo plural; além disso, aponta a necessidade de considerar questões e problemas enfrentados por homens e mulheres de nosso tempo como objeto de conhecimento:

O aprendizado e vivência das diversidades de raça, gênero, classe, a relação com o meio ambiente, a vivência equilibrada da afetividade e sexualidade, o respeito à diversidade cultural, entre outros, são temas cruciais com que, hoje, todos nos deparamos e, como tal, não podem ser desconsiderados pela escola. (Arroyo, 1994, p. 31)

Nos anos seguintes à publicação de Arroyo, em 1996, com a promulgação da LDB, também conhecida como Lei Darcy Ribeiro, abriram-se novos caminhos para inovações. Tais caminhos não obrigam nem garantem, porém facilitam e oportunizam práticas inovadoras dos educadores quanto à ação educativa realizada no cotidiano escolar. Assim, os projetos escolares construídos permitem articular áreas de conhecimento e analisar problemas sociais e existenciais, contribuindo efetivamente para a solução por meio da prática concreta dos educadores e da comunidade escolar. Nesse contexto, podemos perceber a necessidade de envolver os profissionais da educação no debate e na criação de projetos que tratem de questões sociais relevantes.

Por muitos anos, a crença na supremacia da ciência foi responsável pela cisão entre as disciplinas, dando origem à visão disciplinar e disciplinada que ainda se perpetua, como se uma não pudesse estar ligada à outra se são todas pertencentes ao rol de cultura e saberes de uma sociedade. Essa visão levou a mudanças radicais na forma de o homem conceber a si mesmo, a realidade e o mundo que o cerca e consolidou a ciência como a verdade absoluta em desprezo a outras áreas do conhecimento, como filosofia, arte e religião, gerando um processo de divisão cada vez maior do conhecimento em inúmeras disciplinas científicas.

A dificuldade em superar essa visão acabou gerando um novo modo de organizar o ensino – as unidades de ensino –, que foram muito divulgadas na educação brasileira. Entretanto, esse processo de adequação fez com que elementos importantes dos projetos fossem esquecidos e interpretados equivocadamente. É importante lembrar mais uma vez que, historicamente, os projetos educacionais foram construídos com o objetivo de inovar, de romper a apatia da escola tradicional. Logo, o trabalho com projetos inclui considerar o contexto sócio-histórico, e não apenas o ambiente imediato, o conhecimento das características dos grupos de alunos envolvidos e a atenção às temáticas contemporâneas e pertinentes à vida das crianças.

A construção dos projetos escolares permite articular áreas de conhecimento e analisar problemas sociais e existenciais, contribuindo efetivamente para a solução por meio da prática concreta dos educadores e da comunidade escolar. Nesse contexto, percebemos a necessidade de envolver os profissionais da educação no debate e na criação de projetos que tratem de questões sociais relevantes.

Como já mencionamos, Hernández e Freire defendem a ideia de que o aluno aprende participando, tomando atitudes diante dos fatos, investigando, construindo novos conceitos e informações, selecionando os procedimentos apropriados, diante da necessidade de resolver problemas. Esses conceitos nem sempre são fáceis nem passíveis de serem aplicados, pois demandam organização, planejamento e foco nos objetivos primordiais do trabalho com projetos, já destacados no presente capítulo.

As práticas escolares tradicionais estão ligadas essencialmente aos modelos dominantes de construção do conhecimento, nos quais delimitação, parâmetros e coerência são os focos. Quanto aos procedimentos adotados, o conhecimento é livresco, tratado como transmissão unidirecional, por meio da exposição oral, da leitura linear, da repetição e da memorização.

Para escapar dessa dicotomia tradicional-unilateral, os projetos vêm na esteira de ampliar e universalizar o ensino. De que forma? Essa resposta não é fácil e não é única. Ao concebermos o espaço escolar como aquele destinado a embates ou discussões e acreditarmos que o fazer pedagógico é uma ação de política cultural, podemos defender a ideia de que a escola é um local privilegiado para a ampliação de habilidades e capacidades humanas, contribuindo para que os indivíduos que nela desempenham seus papéis sociais possam elaborar suas intervenções em busca da formação de sua própria cidadania.

Os projetos educacionais referem-se a uma lógica educativa bastante diferenciada do que se vem fazendo na maioria dos processos educativos. Mudar tal lógica significa romper com tradições, provocar rupturas, acabar com a desarticulação entre os conhecimentos escolares e a vida real, com a fragmentação dos conteúdos e com as disciplinas escolares.

Mais do que uma técnica atraente para transmissão de conteúdos, a proposta de trabalho com projetos promove uma mudança na maneira de pensar e repensar a escola e o currículo na prática pedagógica. Assim, dimensionar o currículo escolar por projetos de trabalho significa uma ruptura com o modelo fragmentado de educação. O trabalho com projetos proporciona atividade coletiva e cooperativa, possibilitando ao aluno vivenciar múltiplas relações com o exterior e afirmar-se vivenciando a experiência positiva do confronto e da solidariedade. Também permite não depender das escolhas dos adultos, decidir e comprometer-se após a escolha, planejar suas ações, assumir responsabilidades, ser agente de seus aprendizados, produzindo, antes de qualquer lógica, algo que faça sentido e que possa ser percebido pelo educando.

No desenvolvimento de todos os tipos de projetos possíveis de serem aplicados, podem existir dificuldades. A maioria delas tem origem em um planejamento malfeito. Por isso, qualquer que seja o projeto, ele deve ser bem planejado para ser finalizado com sucesso. Cabe ressaltar uma característica inerente a qualquer projeto: os recursos (financeiros, humanos, tecnológicos) são finitos. O planejamento evita que sejam esgotados durante a execução ou que se tornem inadequados e insuficientes.

Síntese

Este quinto capítulo teve por objetivo tratar da avaliação no contexto educacional e como dimensionadora desta com a formação humana, destacando os projetos educativos e como podem ser utilizados para relacionar a avaliação com as esferas sociais. Iniciamos o capítulo enfocando a avaliação nas diferentes metodologias de ensino. Mencionamos que ela não ocorre, ou não deveria ocorrer, apenas em um momento específico, mas em todo o processo educacional, pois é um instrumento que se concebe desde o início até a finalização do trabalho docente.

Em seguida, vimos que a metodologia, ou o método de avaliação, nada mais é que do que direcionar algo para algum objetivo, na busca da chegada. Abordamos também os projetos educativos e destacamos que o trabalho com projetos se tornou mais difundido a partir de 1990. Isso significa que tudo foi repensado na escola: currículo, avaliação e objetivos da educação escolar. O intuito principal dessa prática é fazer com que o aluno se envolva nas atividades educativas.

Por fim, mostramos que, historicamente, os projetos educacionais foram construídos com o objetivo de inovar, de romper a apatia da escola tradicional, de transformar a realidade, com o desejo e a coragem de assumir o risco de adotar uma inovação.

Atividades de autoavaliação

1. Leia o parágrafo a seguir.

    O trabalho com _____ na escola tornou-se mais difundido a partir de 1990, e isso significa que tudo foi repensado na escola: currículo, avaliação e objetivos da educação escolar.

    Agora, marque a alternativa que completa corretamente a lacuna:

a) Projetos.
b) Artes plásticas.
c) Música.
d) Avaliação somativa.
e) Estagiários.

2. Qual é o principal objetivo do trabalho com projetos na escola?
a) Deixar as aulas mais leves.
b) Fazer com que o aluno se envolva nas atividades educativas.
c) Fazer com que os professores trabalhem menos.
d) Ensinar o aluno a pesquisar.
e) Fazer com que a sala de aula invertida seja uma realidade.

3. Qual pensador/educador apontava a necessidade da atividade livre e da estimulação sensorial e motora?
a) John Dewey.
b) Johann Heinrich Pestalozzi.
c) Maria Montessori.
d) Jean-Ovide Decroly.
e) Célestin Freinet.

4. Os projetos educacionais surgiram dos mesmos princípios de qual método?
a) Construtivista.
b) Tradicional.
c) Montessoriano.
d) Solução de problemas.
e) Sociointeracionista.

5. A Lei de Diretrizes e Bases da Educação Nacional (LDB) também é conhecida como:
a) Lei Maria da Penha.
b) Lei da Ação Popular.
c) Lei de Elaboração das Leis.
d) Lei Joana Maranhão.
e) Lei Darcy Ribeiro.

Atividades de aprendizagem

Questões para reflexão

1. Explique em que consiste o trabalho por projetos e como realizar sua avaliação na escola.

2. Analise e descreva os principais fundamentos da "escola laboratório", criada por John Dewey.

Atividade aplicada: prática

1. Uma avaliação efetuada de forma consciente sob uma perspectiva formativa comporta diversos procedimentos operacionais para que o objetivo seja atingido, tais como notas, conceitos, instrumentos tradicionais, entre vários outros possíveis. Deve ser garantida, nesse caso, uma escolha consciente dos instrumentos mais adequados para a situação, assegurando-se uma avaliação processual, dialógica e potencializadora de novos encaminhamentos e de um redimensionamento do ensino.

   Isso prevê o uso de instrumentos de avaliação para se atingir um ensino eficaz. Descreva, em um texto de 10 linhas, como tal tarefa pode ser realizada dentro da escola.

capítulo 6

Relações entre avaliação, educação e trabalho

A educação é vista como um meio para promover mudanças sociais e acesso às oportunidades de desenvolvimento. Por isso, compreender como se dão as relações e dinâmicas sociais que orientam a educação se torna cada vez mais importante. Leis e políticas educacionais devem se basear nesses conhecimentos, buscando promover o acesso à educação a todos os grupos da sociedade. Além disso, é preciso entender como a educação se relaciona com as estruturas sociais e o modo como pode ser usada para garantir a igualdade de oportunidades e direitos para todos os membros da sociedade.

Dessa forma, trabalho e educação são atividades essenciais para a existência humana, pois, por meio deles, os indivíduos produzem sua própria humanidade. É com o trabalho que o homem conquista as condições materiais para sua existência e é com a educação que o homem obtém o conhecimento, as aptidões, as habilidades e as competências necessárias. O principal conteúdo da responsabilidade social é responder com qualidade às exigências e às necessidades sociais, entre elas as especificações do trabalho, especialmente no que se refere à construção, à socialização e ao desenvolvimento do conhecimento e à prática social da formação humana.

6.1
Avaliação como processo social

A avaliação educativa deve ser centrada nas necessidades educacionais e sociais, assim como nos direitos e deveres das pessoas envolvidas. Seu objetivo deve ser a melhoria contínua dos processos e dos resultados educacionais e a promoção da justiça social. Para que isso seja efetivamente alcançado, é preciso que haja transparência, colaboração, autonomia e responsabilidade. A avaliação educativa deve, portanto, considerar os diversos fatores contextuais, bem como as necessidades e os interesses de todos os envolvidos.

Também é fundamental ter uma compreensão clara dos objetivos a serem alcançados e dos meios necessários para isso. De início, devemos ressaltar que compreender a educação requer conhecimento da sociedade e das leis que a regem. A afirmação está baseada no entendimento de que as relações sociais, temporalmente definidas pela produção material dos homens, dão forma aos processos educacionais. Nesse sentido, convém ponderar sobre educação e trabalho em uma sociedade eminentemente capitalista: uma articulação necessária diz respeito à educação como expressão e resposta às transformações sociais. Logo, precisamos refletir sobre a natureza e a especificidade da educação.

Saviani (2005, p. 15), na obra *Pedagogia histórico-crítica: primeiras aproximações*, afirma que "a educação é um fenômeno próprio dos seres humanos". Assim, entender a natureza da educação passa pela compreensão da natureza humana. A educação deve, pois, ser entendida como um processo contínuo e dinâmico, visto que é o meio pelo qual os homens interagem e se relacionam com o meio social. Desse modo, a educação é um processo que se desenvolve a partir da interação social, já que é mediada pela divisão de tarefas e pelas relações de trabalho. Além disso, deve ser entendida como um processo de formação do indivíduo, baseado na aquisição de conhecimentos, habilidades, valores, costumes e atitudes.

IMPORTANTE!

O processo educativo é o meio pelo qual o indivíduo desenvolve habilidades e conhecimentos, tornando-se apto a desempenhar um papel na sociedade.

A educação é a forma como os seres humanos podem desenvolver e aperfeiçoar capacidades, habilidades e conhecimentos, para si e para os demais. Tem um caráter de diferenciação, pois cada indivíduo tem características próprias; a educação, assim, tem o papel de explorar e aprofundar essas individualidades, possibilitando a aquisição de novos conhecimentos, aprimorando a capacidade de raciocínio e, ao mesmo tempo, enriquecendo a cultura humana, uma vez que cada indivíduo traz consigo seus próprios conhecimentos, costumes e valores.

Em cada época, em cada sociedade, desenvolvem-se formas educacionais correspondentes ao modo como cada grupo social se organiza, pensa ou se idealiza, ou seja, em relação a crenças religiosas e a valores culturais, econômicos e políticos. O conceito de educação apresenta, conforme Luzuriaga (2001), dois sentidos que se complementam.

Pode ser um esforço ordenado, sistemático de uma sociedade sobre a infância e a juventude, a fim de formá-la e encaminhá-la em uma dada direção, o que é chamado de **educação formal**. Pode ser também, em outro sentido mais geral, a ação genérica, ampla de uma sociedade sobre as gerações jovens, para conservar e transmitir a existência coletiva. Nesse sentido, a educação é parte integrante essencial da vida do homem em sociedade e existe desde quando há seres humanos sobre a Terra. Trata-se de uma **educação informal**, espontânea e muitas vezes inconsciente.

Portanto, podemos dizer que a educação é um processo de formação social, que tem por objetivo a transmissão de valores culturais, sociais e religiosos, bem como a preparação para a vida como membro da sociedade. Dessa forma, é responsável pela construção de uma cultura própria de cada época e de cada lugar e pela formação de indivíduos capazes de atuar nessa cultura.

A educação não é somente um processo de ensino e aprendizagem, mas um processo social, que envolve todos os aspectos da vida humana, pois é nela que estão presentes as relações sociais e as mudanças culturais necessárias para o desenvolvimento de pessoas, grupos e nações. A educação também influencia o comportamento e a atitude das pessoas, bem como o desenvolvimento de habilidades sociais, como o trabalho em equipe, o respeito ao próximo, a responsabilidade pessoal e a capacidade de tomar decisões.

Um de seus objetivos fundamentais é promover a qualidade de vida, o desenvolvimento humano, a cidadania e a participação na construção de uma sociedade soberana, republicana e democrática. Tem como princípio o direito ao conhecimento e à liberdade e como dever o desenvolvimento do senso de responsabilidade dos cidadãos, assegurando a igualdade de oportunidades e a justiça social. Contribui para a formação dos cidadãos com a consolidação da autonomia individual, da capacidade de diálogo e de reflexão crítica, da responsabilidade na tomada de decisões, do respeito às diferenças e do compromisso com a preservação dos direitos humanos.

A responsabilidade social de uma instituição educativa diz respeito, então, ao cumprimento, com qualidade e sentido social e público, de suas finalidades e seus objetivos essenciais: a formação, entendida como elevação humana em suas múltiplas dimensões, o desenvolvimento da sociedade democrática, o aprofundamento dos valores primordiais da vida em sociedade, entre os quais a solidariedade, a liberdade, a justiça, os direitos públicos e o respeito à diversidade.

Outra responsabilidade social das instituições educacionais é promover o desenvolvimento da cidadania, o que implica a capacitação de indivíduos para o exercício da responsabilidade, da ética e do respeito às leis. Essa responsabilidade inclui a promoção da justiça social e do respeito aos direitos humanos, a defesa da democracia e da liberdade de expressão e de informação, a promoção da igualdade de gênero, a redução da pobreza e a preservação do meio ambiente.

6.2
Relação entre avaliação e trabalho

Difundem-se cada vez mais intensamente, como se por si sós fossem educação, tecnologias produtivas apoiadas na microeletrônica, como a automação, a informática e a telemática. São partes da formação profissional, mas tal fragmentação não garante o desenvolvimento da sociedade, tão amplamente discutido até o momento.

A supervalorização dessas tecnologias se dá como opção política pelo seu uso, e elas têm sido direcionadas para intensificar a produtividade e a supressão do emprego. Evidentemente que tais meios instrumentalizadores são fundamentais, porém são claramente meios de dominação econômica e, por conseguinte, de dominação social. Quem domina se desenvolve economicamente. Só que apenas instrumentalizar não basta: entender o que fazemos é essencial, e apenas a educação possibilita o desenvolvimento social, político e econômico.

A estrutura do mercado de trabalho também tem passado por mudanças. Altas taxas de desemprego são acompanhadas da crescente insegurança e precariedade das novas formas de ocupação. A flexibilização das condições de trabalho, como nos casos de contratos de tempo parcial, subcontratação e terceirização, inscreve-se no mesmo processo que articula o discurso por maiores níveis de escolaridade para os trabalhadores que permanecem empregados e ocupam postos de trabalho considerados essenciais para os processos produtivos nos quais se inserem.

Nesse sentido, a educação e a formação profissional aparecem hoje como questões centrais porque a elas são conferidas funções essencialmente instrumentais, ou seja, capazes de possibilitar a competitividade e intensificar a concorrência, adaptar trabalhadores às mudanças técnicas e minimizar os efeitos do desemprego. O papel de organismos internacionais reguladores tem sido fundamental, como é possível apreender de algumas prescrições do Banco Mundial (1995, p. 26-35):

> Detalhados estudos econométricos indicam que as taxas de investimentos e os graus iniciais de instrução constituem robustos fatores de previsão de crescimento futuro. Se nada mais mudar, quanto mais instruídos forem os trabalhadores de um país, maiores serão suas possibilidades de absorver as tecnologias predominantes, e assim chegar a um crescimento rápido da produção. [...] O desenvolvimento econômico oferece aos

participantes do mercado de trabalho oportunidades novas e em rápida mudança.

Dessa forma, a educação e a formação profissional têm sido vistas como instrumentais para o aumento da produtividade e da competitividade dos trabalhadores, bem como para a minimização dos efeitos do desemprego. Logo, políticas públicas que contemplem ações de formação profissional adequadas às novas tecnologias são fundamentais para que os trabalhadores possam se adequar às mudanças tecnológicas e aproveitar as inovações de forma mais eficaz.

A capacitação profissional deve ser entendida como um conjunto de atividades destinadas a desenvolver e a aprimorar as competências, as habilidades e os conhecimentos necessários para desempenhar uma função específica e para obter um resultado esperado. Essa capacitação abrange as áreas de conhecimento da teoria e da prática, incluindo formação psicológica, social, ética e legal. Deve ser orientada para a aquisição de competências, assim como para a adequação ao ambiente de trabalho e às exigências da profissão. Além disso, deve permitir o desenvolvimento de competências comportamentais e de liderança, essenciais para o sucesso no mundo do trabalho.

A educação pode ser um importante mecanismo de inclusão e de justiça social. Possibilita que todos os indivíduos desenvolvam competências e habilidades, potencializando sua autonomia e permitindo que alcancem seus objetivos. A educação também pode ser um meio para minimizar as desigualdades sociais e/ou para fortalecer a igualdade de oportunidades.

IMPORTANTE!

A educação que promove a equidade e a justiça social deve ser baseada em princípios como respeito à diversidade, igualdade de direitos e deveres, não discriminação e qualidade dos serviços educativos.

A inclusão deve ser promovida não apenas pela educação, mas também por meio da igualdade de direitos, com o aumento das condições de acesso, em todos os sentidos, com a apropriação democrática da formação e com a ampliação de sentidos e possibilidades que ela propicia.

A avaliação educativa, assim, é um processo de análise, reflexão e interpretação dos fenômenos educativos que busca entender os significados dos valores que estão sendo concretizados, de forma a promover o melhor aproveitamento dos recursos educacionais disponíveis, contribuindo com a melhoria da qualidade da educação. Fundamenta-se no compromisso com princípios e valores que mais plenamente realizam as finalidades essenciais da vida humana, como os direitos à educação de qualidade, à diversidade, ao respeito, à igualdade e à inclusão. A avaliação educativa procura, portanto, contribuir com o processo de melhoria da qualidade da educação com a identificação de problemas, tendências e necessidades.

Essa avaliação deve ser realizada de forma sistemática e qualitativa, para compreender a realidade educativa de maneira integral. Deve partir da análise de dados e ir além, buscando compreender as relações entre os atores, as práticas e as condições de trabalho. Deve ser efetivada de forma dialógica, procurando ouvir o que a realidade, os atores educativos e a sociedade têm a dizer. Nessa perspectiva, é fundamental para o desenvolvimento e o aperfeiçoamento da educação, pois possibilita a compreensão da realidade educativa de forma ampla.

Para isso, a avaliação deve se apoiar no entendimento profundo dos valores simbólicos que se expressam na prática educativa. Desse modo, poderão ser desenvolvidos instrumentos de avaliação que permitam identificar e avaliar aspectos culturais e simbólicos da vida da instituição. Isso implica, entre outras coisas, o uso de ferramentas teóricas e práticas que permitam o acesso ao simbólico e ao imaginário traduzidos na ação educativa.

Nas avaliações que se realizam em diversos países, nos considerados mais industrializados e que tomam como objeto preferencial o estudante e as questões de aquisição de conhecimentos, podemos destacar duas grandes tendências. Uma delas, servindo-se dos avanços e do prestígio atual do cognitivismo e do interacionismo, tende a privilegiar o conhecimento dos processos de aprendizagem. De um ponto de vista mais centrado nos processos educativos e escolares internos à instituição, essa perspectiva tende a conceder maior importância ao sujeito. O outro sentido dessa abordagem valoriza os conhecimentos construídos pelos próprios sujeitos, antes de almejar os resultados de avaliação padronizados, comuns a todos. É aí que percebemos, com mais clareza, a ênfase na diversidade individual tanto na aquisição de conhecimentos como na forma de avaliar e de avaliar-se. Logo, essa abordagem tem a tendência de sublinhar o valor dos conhecimentos próprios ao sujeito, de promover o reconhecimento desse saber e de construir um saber social e coletivo.

A outra grande tendência nas avaliações caracteriza-se pela ênfase na eficácia e no desempenho. Essa corrente de pensamento tende a privilegiar o saber como um objeto de medida. A avaliação é um degrau para o efetivo exercício do trabalho e a análise capitalista que se propaga a partir de então.

A avaliação tem sido, portanto, encarada como um processo dinâmico que considera aspectos cognitivos, afetivos, sociais, pedagógicos e psicológicos. Assim, os estudantes devem ser envolvidos nos processos avaliativos, incentivados a participar ativamente, a refletir sobre o seu próprio desempenho e a desenvolver estratégias de aprendizagem mais eficazes. Desse modo, a avaliação pode contribuir para o ensino e para o desenvolvimento dos estudantes, com a aquisição de um conhecimento mais significativo e duradouro.

Nesse sentido, a avaliação educativa deve ser entendida como uma atividade que articula processos e produtos, ou seja, deve ter como objetivo a análise de ambas as dimensões da educação. Ferramenta fundamental para a melhoria da qualidade do ensino e da aprendizagem, bem como para a promoção do desenvolvimento econômico e social, não é apenas um meio de controle. A avaliação é, pois, uma ferramenta indispensável para o desenvolvimento da educação.

A avaliação é essencialmente um processo social, e não apenas uma aplicação mecânica de instrumentos tidos como objetivos e neutros, como se julgava anteriormente. Não se trata apenas de avaliar o desempenho individual, mas também de compreender fatores sociais, culturais e políticos que influenciam o processo de aprendizagem. Devemos levar em conta experiências e interesses individuais e coletivos, bem como as relações entre professores, alunos e outros membros da comunidade educativa.

IMPORTANTE!
A avaliação deve ser entendida como um processo de diálogo que compreende as necessidades e os interesses de todos os envolvidos.

Por meio do processo avaliativo, a educação se torna mais democrática, pois o avaliador passa a ser, ao mesmo tempo, um agente de transformação e um participante da mudança. É possível, assim, tornar a educação mais inclusiva e democrática, já que os resultados obtidos serão utilizados para melhorar a qualidade do ensino oferecido. Além disso, a avaliação motiva a participação dos alunos, que passam a se sentir mais comprometidos com o processo de aprendizagem.

A avaliação institucional, a vertente próxima da avaliação dos sujeitos, deve ser entendida como um processo complexo que desdobra, de forma sistemática e progressiva, a análise das diversas partes da instituição. Isso deve ser feito de modo a levar em conta todos os aspectos relevantes para a compreensão da realidade, desde os aspectos estruturais e processuais até os aspectos operacionais, políticos e éticos. A avaliação deve, portanto, abranger tanto as partes quanto o todo. Deve, ainda, privilegiar o diálogo entre as partes envolvidas, o que significa que os agentes internos e externos devem estar envolvidos no processo, com um ambiente de confiança entre as partes no qual todos os interesses sejam considerados.

A avaliação é uma forma de melhorar a qualidade da educação. Ela permite que administradores, professores e demais profissionais educacionais possam avaliar o desempenho dos alunos, bem como a qualidade dos programas educacionais. Com ela, é possível identificar os problemas existentes nos processos de ensino-aprendizagem, bem como fornecer informações para a tomada de decisões sobre a direção dos programas educacionais e para ações de melhoria. A avaliação também possibilita que se verifiquem os aspectos positivos que podem ser mantidos ou ampliados.

Assim, para que a avaliação seja ao mesmo tempo crível e significativa, deve se apoiar em regras e diretrizes que levem em conta o contexto, as intenções, as ideias e os valores dos atores envolvidos. Deve ser necessariamente construída de forma dialógica, considerando as diferenças, para que os resultados sejam úteis aos fins a que se propõem, sejam eles quais forem. Isso implica, ainda, que sejam consideradas as variáveis que influenciam a avaliação, bem como as que influenciam a percepção dos resultados. Por isso, a avaliação deve levar em conta tanto a qualidade quanto a pertinência dos resultados produzidos.

A avaliação é, pois, um processo que parte das relações entre os atores envolvidos para compreender e interpretar, para articular e inserir novas relações. É o processo pelo qual se insere o significado das ações e dos projetos nos contextos sociais, culturais e históricos, avaliando a eficácia e a eficiência dos programas e das ações, bem como as condições de seu aperfeiçoamento.

"A educação tem como função essencial a formação de sujeitos autônomos entendida como núcleo da vida social" (Dias Sobrinho, 2005, p. 236). Tal constatação requer o entendimento de que a avaliação deve ser um patrimônio público a ser apropriado e exercido como instrumento de consolidação da educação como bem comum, provida pelo Estado ou pela iniciativa privada. Dessa maneira, a avaliação aplicada à educação deve buscar cumprir seu papel de preparar os indivíduos para serem cidadãos conscientes, capazes de contribuir para o desenvolvimento da sociedade. É preciso aproveitar o potencial de cada pessoa para o exercício efetivo da cidadania e para o desenvolvimento das habilidades exigidas em um mundo em constante mudança.

Logo, a avaliação é parte essencial para o desenvolvimento da educação superior e para a qualificação dos indivíduos para a vida.

"Em consequência, desenvolve-se uma forte sinergia entre avaliação e valores democráticos e republicanos, bem como políticas que neles se fundamentam, tais como o conhecimento para a emancipação, a justiça social, a inclusão" (Dias Sobrinho, 2003, p. 120, tradução nossa).

Nesse contexto, as instituições devem buscar novas formas de avaliação que levem em conta o *feedback* dos alunos, que avaliem a qualidade do ensino fornecido e que possam ser usadas para definir metas e objetivos a serem alcançados pelos estudantes. Além disso, os professores devem desenvolver estratégias de avaliação que contribuam para o desenvolvimento dos alunos, enxergando o ensino como um processo contínuo de aprendizagem.

6.3
Instrumentos de avaliação e função do professor

Segundo Libâneo (1994a), instrumentos de avaliação são recursos didáticos empregados para coletar informações a fim de investigar se a aprendizagem está ocorrendo conforme o planejado na disciplina. Assim, esses recursos aumentam a capacidade do professor de observar a realidade e poder intervir de maneira mais apropriada.

A avaliação precisa utilizar instrumentos de mensuração e entender o que se avalia e os procedimentos metodológicos estáticos. Entretanto, deve ser, principalmente, dinâmica. Não deve restringir-se a verificações e constatações *a posteriori* sobre produtos e ações já acabados e não deve limitar-se ao atingimento de medidas fixas sobre normas e metas prévia e exteriormente estabelecidas. É comum que se entenda e se pratique a avaliação só como um sistema de constatação ou verificação da coerência ou incoerência entre o **ser**, isto é, o realizado, e o **dever ser**, a norma, o ideal o desejado.

Dois critérios são importantes orientadores: a eficácia, que se refere à relação entre práticas e objetivos, e a eficiência, que diz respeito à coerência entre insumos e resultados. Contudo, no que diz respeito à educação, o processo de avaliação deve ser entendido como uma dimensão dinâmica que pode contribuir para o desenvolvimento do processo educativo, proporcionando ao professor informações que lhe permitam ajustar suas ações à realidade da sala de aula, incentivando seus alunos a serem mais criativos e autônomos e favorecendo a construção do conhecimento pelos próprios estudantes.

IMPORTANTE!

A avaliação é um momento de aprendizagem e desenvolvimento para os alunos, no qual podem ser avaliados de forma contínua e holística, e não de forma fragmentada. Os professores também podem receber *feedbacks* que lhes permitam melhorar suas práticas.

Os instrumentos mais representativos e frequentemente utilizados para medir as aquisições cognitivas por parte dos alunos são provas ou exames. É ainda muito comum tomar a avaliação por notas, exames, testes, controles, verificações, balanços e atividades semelhantes.

De fato, verificações, constatações e medidas tradicionais são importantes, pois permitem aos educadores identificar os problemas, avaliar o desempenho dos alunos e estabelecer objetivos a serem alcançados. No entanto, para transformar a educação, é preciso adotar práticas inovadoras para compreender a realidade da educação de forma mais profunda. Algumas dessas práticas incluem investigações, explorações, análises de dados, experimentações, entre outras. Tais abordagens permitem aos educadores avaliar a eficácia de práticas e ensinamentos, assim como identificar as necessidades dos alunos. Nesse sentido, a verificação e a mensuração podem ser usadas como instrumentos para a produção de sentidos, e não como meros mecanismos de seleção de resultados. Nesse caso, tais instrumentos se configuram como importantes mecanismos de melhoria e desenvolvimento.

Assim, a avaliação deve ser uma ação pedagógica, que pressupõe a compreensão e a interpretação dos contextos, o uso da lógica relativa, o sentido de continuidade e o olhar prospectivo. O processo de avaliação deve ser capaz de estabelecer relações entre diferentes momentos e diversas dimensões do processo educativo, de criar ligações entre o passado e o futuro, de dar continuidade entre o já feito e o ainda não feito, a fim de propor direcionamentos e transformações emergentes.

A avaliação pode, portanto, ser vista como uma forma de controle, já que considera não apenas os aspectos jurídicos e burocráticos, mas também os aspectos regulatórios, de modo a assegurar que decisões e ações sejam tomadas com base em informações precisas e válidas. Ela permite que as mudanças sejam feitas de forma eficiente e eficaz.

A regulação, no sentido aqui proposto, é entendida como um sistema de referências que possibilita avaliar, articular e orientar as atividades educativas por meio da reflexão e da discussão. A regulação tem de ser mantida como um processo aberto, criativo e crítico, que orienta a relação entre a autonomia e a heteronomia, de maneira que os sujeitos possam desenvolver a capacidade de governar a si mesmos e de estar em acordo com as normas, os padrões e as regras estabelecidas.

Nos casos em que a avaliação se reduz a mero controle, no sentido de conformação à norma, pode ser considerada, e de fato se torna, um instrumento de poder do professor, do administrador e de instâncias governamentais. Diferentemente, se é um processo de regulação que ajuda a compreender e melhorar a realização dos processos educativos, cognitivos, psicossociais, estruturais e organizacionais, então é um patrimônio público, um bem comum a serviço da formação dos indivíduos para a vida social, do desenvolvimento institucional e dos projetos do Estado.

Vasconcellos (1994a, p. 43) destaca a avaliação como "um processo abrangente da existência humana, que implica uma reflexão crítica sobre a prática, no sentido de captar seus avanços, suas resistências, suas dificuldades e possibilitar uma tomada de decisão sobre o que fazer para superar os obstáculos".

Dias Sobrinho (1995) enfatiza que o principal aspecto da avaliação é a *qualidade*, termo portador de uma semântica dispersa, especialmente quando referida à educação. Assim como os valores, mergulhados em sistemas filosóficos, políticos, éticos e culturais, a noção de qualidade educativa é variável no tempo, no espaço e, sobretudo, nas diversas organizações intersubjetivas. Dessa forma, pressupõe certos critérios específicos de qualidade, de acordo com os quais se avaliam a produtividade e a eficácia dos alunos, bem como a qualidade da aprendizagem.

IMPORTANTE!
O resultado da avaliação é sempre o ponto de partida para o ajustamento, a melhoria e o desenvolvimento contínuo do processo educativo.

Como já mencionamos, a avaliação contribui para o desenvolvimento de habilidades cognitivas e sociais, além de incentivar o aprimoramento da metodologia de ensino e da aprendizagem. Por meio dela, é possível detectar possíveis problemas de aprendizagem e identificar as necessidades de cada aluno, para então desenvolver estratégias de ensino adequadas. Portanto, avaliar os resultados é fundamental para garantir o crescimento e o desenvolvimento adequado da instituição. É preciso que sejam estabelecidas metas claras e objetivas, que permitam a medição de desempenho de cada aluno, de modo a garantir o êxito da instituição. Além disso, devem ser realizadas avaliações contínuas para análises necessárias dentro do processo.

A avaliação deve ser realizada de forma simples, mas sistemática. É essencial empregar diferentes métodos para avaliar cada aluno, incluindo testes, trabalhos em grupo, apresentações orais, relatórios, questionários, entre outros. Devem ser adotados critérios objetivos, como a pontualidade, a qualidade do trabalho e a participação nas aulas. Também é importante que os professores forneçam *feedbacks* positivos aos alunos, para que saibam se estão no caminho certo e possam trabalhar para melhorar habilidades e conhecimentos.

Entretanto, apenas tomar o resultado como verificador não resolve e nem mesmo melhora a qualidade da educação. Luckesi (2011, p. 53) argumenta: "Podemos dizer que a prática educacional brasileira opera, na quase totalidade das vezes, como verificação. Por isso tem sido incapaz de retirar do processo de aferição as consequências mais significativas para a melhoria da qualidade e do nível de aprendizagem dos educandos".

O professor, nesse contexto, deve reconhecer o desenvolvimento de cada aluno e procurar motivá-lo. Dessa maneira, a avaliação torna-se um mecanismo que alavanca o desenvolvimento de competências e habilidades do educando, verificando seu desempenho sem prejudicá-lo. Deve ser um meio para promover o crescimento de cada aluno, incentivando-o a alcançar seu potencial máximo.

IMPORTANTE!

Avaliar o aluno apenas em seu desenvolvimento cognitivo é analisar somente uma das facetas do processo de aprendizagem, é negar-lhe o desenvolvimento de todas as suas possibilidades, é uma farsa, um discurso político desvinculado da realidade do educando.

O art. 24 da Lei de Diretrizes e Bases da Educação Nacional (LDB), em seu inciso V, indica os critérios de avaliação do rendimento escolar:

Art. 24. [...]

V – a verificação do rendimento escolar observará os seguintes critérios:

a) avaliação contínua e cumulativa do desempenho do aluno, com prevalência dos aspectos qualitativos sobre os quantitativos e dos resultados ao longo do período sobre os de eventuais provas finais;

b) possibilidade de aceleração de estudos para alunos com atraso escolar;

c) possibilidade de avanço nos cursos e nas séries mediante verificação do aprendizado;

d) aproveitamento de estudos concluídos com êxito;

e) obrigatoriedade de estudos de recuperação, de preferência paralelos ao período letivo, para os casos de baixo rendimento escolar, a serem disciplinados pelas instituições de ensino em seus regimentos; [...] (Brasil, 1996)

Conforme Vilanova e Silva (2019), a avaliação da aprendizagem é um tema recorrente no cotidiano escolar. Por sua vez, Fraga (2007) estudou a postura do professor e as grandes questões humanas nas práticas educacionais e concluiu que a postura do professor é um desafio, não importa onde ou quando.

O docente deve desenvolver atividades que estimulem a participação ativa dos alunos, buscando dar significado ao conteúdo ensinado, além de criar ambientes que incentivem a criatividade e a autonomia. Ele também deve trabalhar de forma interdisciplinar, promovendo a interação entre conteúdos e abordagens teóricas. Por fim, deve adotar diversas estratégias e recursos para que os alunos construam o conhecimento e se desenvolvam como indivíduos capazes de pensar criticamente, refletir sobre a realidade social e agir de forma responsável em seu meio. Importa finalizar com a máxima ainda em voga: sem professor, sem métodos e sem estratégias de inovação, não há educação.

A avaliação, portanto, é inerente ao processo de ensino-aprendizagem e, claro, coloca-se no patamar de auferir aprendizagem, buscando inovação. A modernidade precisa, na escola e no trabalho, de processos educacionais que movimentem a sociedade em busca de avanços. Desse modo, o professor deve adotar estratégias de avaliação que contemplem o desenvolvimento das habilidades cognitivas, afetivas e psicomotoras dos educandos. Tanto a avaliação formativa quanto a somativa exercem um papel fundamental na medição dos resultados educacionais, possibilitando conhecer o nível de aprendizagem dos alunos e fazer as devidas correções, se necessário. De acordo com as reflexões de Helen Simons (1993, p. 158):

> Ao focar a atenção exclusivamente na aquisição por parte do aluno de objetivos de aprendizagem predefinidos, o governo

conserva uma visão da avaliação que já se encontrava ultrapassada nos anos 60 quando se reconhecia a necessidade de análises mais sofisticadas, que permitissem uma utilização da "avaliação como instrumento de inovação curricular".

Síntese

Este sexto e último capítulo teve por objetivo estabelecer a relação entre avaliação, educação e trabalho. Inicialmente, abordamos a avaliação como processo social, centrada nas necessidades educacionais e sociais da época, bem como nos direitos e deveres das pessoas envolvidas. Seu objetivo deve ser a melhoria contínua dos processos e dos resultados educacionais e a promoção da justiça social. Logo, a educação abrange todos os aspectos da vida humana, pois é nela que estão presentes as relações sociais e as mudanças culturais necessárias para o desenvolvimento de pessoas, grupos e nações.

Dando continuidade ao capítulo, tratamos de formação profissional e avaliação. A educação e a formação profissional aparecem hoje como questões centrais, pois a elas são conferidas funções essencialmente instrumentais, ou seja, capazes de possibilitar a competitividade e intensificar a concorrência, adaptar trabalhadores às mudanças técnicas e minimizar os efeitos do desemprego. A avaliação, nesse contexto, é uma forma de alcançar o objetivo de melhorar a qualidade, permitindo que administradores, professores e demais profissionais educacionais avaliem o desempenho dos alunos e colaboradores e a qualidade dos programas. Com a avaliação, é possível identificar e corrigir os problemas existentes nos processos de ensino-aprendizagem, bem como fornecer informações que possam ajudar a tomar decisões.

Por fim, enfocamos os instrumentos de avaliação, recursos didáticos empregados para coletar informações para investigar se a aprendizagem está ocorrendo conforme o planejado na disciplina. Esses recursos aumentam a capacidade do professor de observar a realidade e intervir de maneira mais apropriada. Os instrumentos mais representativos e ainda utilizados frequentemente são provas ou exames. É ainda muito comum tomar a avaliação por notas, exames, testes, controles, verificações, balanços e atividades semelhantes.

Atividades de autoavaliação

1. A educação e a formação profissional têm sido vistas como instrumentais para o aumento da produtividade e competitividade dos trabalhadores, bem como para:
   a) a minimização dos efeitos do desemprego.
   b) a criação de cargos e salários.
   c) a diminuição do analfabetismo funcional.
   d) a melhoria de vida.
   e) o aumento do desemprego.

2. A avaliação educacional deve ser realizada de forma sistemática e qualitativa. O que ela deve buscar compreender?
   a) A sociedade em formação.
   b) A realidade educativa de forma integral.
   c) Os índices de desemprego.
   d) A realidade de cada educando, independentemente de estar em um processo educativo ou não.
   e) O Universo.

3. Leia o parágrafo a seguir.

   A _____, a vertente próxima da avaliação dos sujeitos, deve ser entendida como um processo complexo que desdobra, de forma sistemática e progressiva, a análise das diversas partes da instituição.

   Agora, marque a alternativa que completa corretamente a lacuna:

a) Avaliação educacional.
b) Avaliação da aprendizagem.
c) Avaliação institucional.
d) Avaliação classificatória.
e) Avaliação escolar.

4. Os instrumentos mais representativos e utilizados frequentemente para verificar as aquisições cognitivas por parte dos alunos são:
   a) questionários.
   b) exercícios de memorização.
   c) competências eletivas.
   d) provas ou exames.
   e) validação dos conteúdos predeterminados.

5. A modernidade precisa, na escola e no trabalho, de processos educacionais que movimentem a sociedade em busca de avanços. Nessa perspectiva, o que o professor deve adotar em seu processo avaliativo?
   a) Estratégias para manter-se mais próximo de seus objetivos.
   b) Táticas para aproximar-se de seus educandos.
   c) Instrumentos que evidenciem a eficácia dos conteúdos trabalhados.
   d) Estratégias inclusivas.
   e) Estratégias de avaliação que contemplem o desenvolvimento das habilidades cognitivas, afetivas e psicomotoras dos educandos.

Atividades de aprendizagem

Questões para reflexão

1. Defina o que é avaliação institucional e discorra sobre o tema.

2. A avaliação é essencialmente um processo social, e não apenas uma aplicação mecânica de instrumentos tidos como objetivos e neutros. Reflita e discorra sobre a importância da avaliação no processo de construção da aprendizagem.

Atividade aplicada: prática

1. Os instrumentos mais representativos e ainda utilizados frequentemente, no que se refere às aquisições cognitivas por parte dos alunos, são provas ou exames. É ainda muito comum tomar a avaliação por notas, exames, testes, controles, verificações, balanços e atividades semelhantes.

   Além dos meios relacionados anteriormente, descreva novos e possíveis instrumentos de avaliação e indique como podem ser empregados no processo educacional.

Considerações finais

Esta obra foi pensada e escrita para contemplar os temas *avaliação, educação* e *sociedade*, sob um olhar criterioso, pesquisador e observador. Buscamos trazer as principais definições e desdobramentos da avaliação na educação e na sociedade.

Sem esgotar o assunto, procuramos examinar as múltiplas facetas ligadas ao ato de avaliar, principalmente da avaliação no espaço escolar. Apontamentos, teorias e pesquisas aqui apresentados nos fizeram ir além, além do que já sabemos sobre o mundo da avaliação, enxergando a importância desta para o sucesso do processo de construção da aprendizagem.

Vimos que a avaliação não é o fim de um processo, mas o começo, quando educando e professor podem escrever e delinear novos caminhos para a aprendizagem, em uma construção conjunta.

Ao longo dos capítulos, analisamos diversos conceitos e temáticas a fim de ajudar você, leitor, a experienciar as minúcias do universo da avaliação.

Por fim, esperamos que a obra tenha transmitido a compreensão e a relevância de um processo de avaliação mediador, como ferramenta de aprendizagem.

Referências

AFONSO, A. J. **Avaliação educacional**: regulação e emancipação. São Paulo: Cortez, 2000.

AGÊNCIA IBGE. **IBGE divulga estimativa da população dos municípios para 2020**. 27 ago. 2020. Disponível em: <https://agenciadenoticias.ibge.gov.br/agencia-sala-de-imprensa/2013-agencia-de-noticias/releases/28668-ibge-divulga-estimativa-da-populacao-dos-municipios-para-2020>. Acesso em: 25 jul. 2023.

ALMEIDA, J. L. V. de. A escola burguesa e a questão do conhecimento: mudar para não transformar. **Revista Espaço Acadêmico**, n. 104, p. 53-63, jan. 2010. Disponível em: <https://periodicos.uem.br/ojs/index.php/EspacoAcademico/article/view/8873/5143>. Acesso em: 22 jun. 2023.

ARANHA, M. L. de A. **História da educação e da pedagogia**. 3. ed. São Paulo: Moderna, 2006.

ARROYO, M. G. O significado da infância. In: SEMINÁRIO NACIONAL DE EDUCAÇÃO INFANTIL., 1., 1994. **Anais**... Brasília: MEC/SEF/Coedi, 1994. p 88-92.

ARROYO, M. G. **Outros sujeitos, outras pedagogias**. Petrópolis: Vozes, 2012.

AVALIAÇÕES. In: **Dicio**. Disponível em: <https://www.dicio.com.br/avaliacoes/>. Acesso em: 25 jul. 2023.

BANCO MUNDIAL. **Relatório sobre o Desenvolvimento Mundial**: O Trabalhador e o Processo de Integração Mundial – Reformas Econômicas e Trabalhistas na América Latina e no Caribe. Washington, DC: Banco Mundial, 1995. Disponível em <https://documents1.worldbank.org/curated/en/467091468239371753/pdf/14922010portuguese.pdf>. Acesso em: 17 ago. 2023

BELLONI, M. L. A integração das tecnologias de informação e comunicação aos processos educacionais. In: BARRETO, R. G. **Tecnologias educacionais e educação a distância**: avaliando políticas e práticas. Rio de Janeiro: Quartet, 2001. p. 42-50.

BLOOM, B. et al. **Taxonomia de objetivos educacionais**. Porto Alegre: Globo, 1972.

BOLSANELLO, M. A.; MOREIRA, L. C.; FERNANDES, S. As deficiências: entre conceitos e classificações. In: RAMOS, E. C.; FRANKLIN, K. (Org.). **Fundamentos da educação**: os diversos olhares do educar. Curitiba: Juruá, 2010. p. 205-214.

BONESI, P. G.; SOUZA, N. A. Fatores que dificultam a transformação da avaliação na escola. **Estudos em Avaliação Educacional**, v. 17, n. 34, p. 129-153, maio/ago. 2006. Disponível em: <http://www.fcc.org.br/pesquisa/publicacoes/eae/arquivos/1288/1288.pdf>. Acesso em: 30 jun. 2023.

BRASIL. Constituição (1934). **Diário Oficial da União**, Rio de Janeiro, 16 jul. 1934. Disponível em: <https://www.planalto.gov.br/ccivil_03/constituicao/constituicao34.htm>. Acesso em: 25 jul. 2023.

BRASIL. Constituição (1967). **Diário Oficial da União**, Brasília, DF, 24 jan. 1967. Disponível em: <https://www.planalto.gov.br/ccivil_03/constituicao/constituicao67.htm>. Acesso em: 25 jul. 2023.

BRASIL. Constituição (1988). **Diário Oficial da União**, Brasília, DF, 5 out. 1988. Disponível em: <https://www.planalto.gov.br/ccivil_03/constituicao/constituicao.htm>. Acesso em: 25 jul. 2023.

BRASIL. Decreto n. 6.094, de 24 de abril de 2007. **Diário Oficial da União**, Poder Executivo, Brasília, DF, 25 abr. 2007. Disponível em: <https://www.planalto.

gov.br/ccivil_03/_ato2007-2010/2007/decreto/d6094.htm>. Acesso em: 25 jul. 2023.

BRASIL. Emenda Constitucional n. 1, de 1969. **Diário Oficial da União**, 20 out. 1969. Disponível em: <https://www2.camara.leg.br/legin/fed/emecon/1960-1969/emendaconstitucional-1-17-outubro-1969-364989-publicacaooriginal-1-pl.html>. Acesso em: 29 nov. 2023.

BRASIL. Lei n. 9.394, de 20 de dezembro de 1996. **Diário Oficial da União**, Poder Legislativo, Brasília, DF, 23 dez. 1996. Disponível em: <https://www2.camara.leg.br/legin/fed/lei/1996/lei-9394-20-dezembro-1996-362578-publicacaooriginal-1-pl.html>. Acesso em: 4 jul. 2023.

BRASIL. Lei n. 12.796, de 4 de abril de 2013. **Diário Oficial da União**, Poder Executivo, Brasília, DF, 5 abr. 2013a. Disponível em: <https://www.planalto.gov.br/ccivil_03/_Ato2011-2014/2013/Lei/L12796.htm#art1>. Acesso em: 28 maio 2023.

BRASIL. Lei n. 13.415, de 16 de fevereiro de 2017. **Diário Oficial da União**, Poder Executivo, Brasília, 17 fev. 2017. Disponível em: <https://www.planalto.gov.br/ccivil_03/_ato2015-2018/2017/lei/l13415.htm>. Acesso em: 25 jul. 2023.

BRASIL. Ministério da Educação. **Base Nacional Comum Curricular**: educação é a base. Brasília, 2018. Disponível em: <http://basenacionalcomum.mec.gov.br/images/BNCC_EI_EF_110518_versaofinal_site.pdf>. Acesso em: 28 jun. 2023.

BRASIL. Ministério da Educação. Conselho Nacional de Educação. Câmara de Educação Básica. Resolução n. 5, de 17 de dezembro de 2009. **Diário Oficial da União**, Brasília, DF, 18 dez. 2009. Disponível em: <http://www.seduc.ro.gov.br/portal/legislacao/RESCNE005_2009.pdf>. Acesso em: 4 jul. 2023.

BRASIL. Ministério da Educação. **Métodos de diagnóstico inicial e processos de avaliação diversificados**. Disponível em: <http://basenacionalcomum.mec.gov.br/implementacao/praticas/caderno-de-praticas/aprofundamentos/194-metodos-de-diagnostico-inicial-e-processos-de-avaliacao-diversificados?highlight=WyJhdmFsaWFcdTAwZTdcdTAwZTNvIl0=%3E>. Acesso em: 4 jul. 2023.

BRASIL. Ministério da Educação e Cultura. Secretaria de Educação Básica. **Diretrizes Curriculares Nacionais para a Educação Básica**. Brasília, 2013b. Disponível em: <http://portal.mec.gov.br/docman/julho-2013-pdf/13677-diretrizes-educacao-basica-2013-pdf/file> Acesso em: 17 ago. 2023.

BRASIL. Ministério da Educação e do Desporto. Portaria n. 1.795, de 27 de dezembro de 1994. **Diário Oficial da União**, Brasília, DF, 28 dez. 1994. Disponível em: <https://pesquisa.in.gov.br/imprensa/servlet/INPDFViewer?jornal

=1&pagina=91&data=28/12/1994&captchafield=firstAccess>. Acesso em: 25 jul. 2023.

BRASIL. Secretaria de Educação Fundamental. **Parâmetros Curriculares Nacionais**: introdução aos Parâmetros Curriculares Nacionais. Brasília: MEC/SEF, 1997. Disponível em: <http://portal.mec.gov.br/seb/arquivos/pdf/livro01.pdf>. Acesso em: 26 jul. 2023.

BUXTON, W.; TURNER, S. Educação e expertise: a sociologia como "profissão" nos Estados Unidos. Tradução de Juan Pedro Blois. **Política & Sociedade**, Florianópolis, v. 18, n. 41, p. 215-260, jan./abr. 2019. Disponível em: <https://periodicos.ufsc.br/index.php/politica/article/view/2175-7984.2019v18n41p215/40912>. Acesso em: 10 nov. 2023.

CANELLAS, M. N. **Avaliação escolar no processo pedagógico**. Monografia (Especialização em Administração e Supervisão Escolar) – Universidade Candido Mendes, Niterói, 2017. Disponível em: <http://www.avm.edu.br/docpdf/monografias_publicadas/N208382.pdf>. Acesso em: 28 maio 2023.

CARVALHO, E. L. F. de; DANYALGIL, G. C.; FERREIRA, H. M. A avaliação da aprendizagem em uma perspectiva transdisciplinar: um estudo de revisão bibliográfica. In: CONGRESSO NACIONAL DE EDUCAÇÃO – CONEDU, 6., 2019, Fortaleza. **Anais**... Campina Grande: Realize, 2019. Disponível em: <https://editorarealize.com.br/artigo/visualizar/58062>. Acesso em: 26 jul. 2023.

CHUEIRI, M. S. F. Concepções sobre a avaliação escolar. **Estudos em Avaliação Educacional**, v. 19, n. 39, p. 49-64, jan./abr. 2008. Disponível em: <https://publicacoes.fcc.org.br/eae/article/view/2469/2423>. Acesso em: 4 jul. 2023.

CONCEIÇÃO, J. L. M. da. Contexto histórico da avaliação escolar. **Educação Pública**, 5 jan. 2016. Disponível em: <https://educacaopublica.cecierj.edu.br/artigos/16/1/contexto-histrico-da-avaliao-escolar>. Acesso em: 25 jul. 2023.

COSTA, D. G. da; AMARAL, E. O ensino por investigação e a pedagogia libertadora de Paulo Freire: analisando articulações pedagógicas possíveis. **Scielo Preprints**, 2023. Disponível em: <https://doi.org/10.1590/SciELOPreprints.5323>. Acesso em: 3 jul. 2023.

CURITIBA. Prefeitura Municipal. Secretaria Municipal. **Currículo do Ensino Fundamental**: diálogos com a BNCC – 1º ao 9º ano. Curitiba, 2020. v. I: Princípios e fundamentos. Disponível em: <https://mid-educacao.curitiba.pr.gov.br/2020/4/pdf/00272791.pdf>. Acesso em: 28 jun. 2023.

CURITIBA. Prefeitura Municipal. Secretaria Municipal. **Plano Municipal pela Primeira Infância do Município de Curitiba**: 2022-2032. Curitiba, 2022. Disponível em: <https://mid-educacao.curitiba.pr.gov.br/2022/12/pdf/00395823.pdf>. Acesso em: 28 jun. 2023.

DALE, R. Globalização e educação: demonstrando a existência de uma "Cultura Educacional Mundial Comum" ou localizando uma "Agenda globalmente estruturada para a Educação"? **Educação & Sociedade**, Campinas, v. 25, n. 87, p. 423-460, maio/ago. 2004. Disponível em: <https://www.scielo.br/j/es/a/bJbBCJS5DvngSvwz9hngDXK/?lang=pt&format=pdf>. Acesso em: 4 jul. 2023.

DEMO, P. **Saber pensar**. São Paulo: Cortez, 2000.

DEPRESBITERIS, L. Alguns aspectos teóricos da avaliação de programas. In: DEPRESBITERIS, L. **O desafio da avaliação da aprendizagem**: dos fundamentos a uma proposta inovadora. São Paulo: EPU, 1989. p. 161-172.

DIAS SOBRINHO, J. Avaliação educativa: produção de sentidos com valor de formação. **Avaliação: Revista da Avaliação da Educação Superior**, Campinas, v. 13, n. 1, p. 193-207, mar. 2008. Disponível em: <https://www.scielo.br/j/aval/a/RbsQFJt9w7Xyqc9gpjrXYFg/abstract/?lang=pt>. Acesso em: 4 jul. 2023.

DIAS SOBRINHO, J. **Dilemas da educação superior**: sociedade do conhecimento ou economia do conhecimento? São Paulo: Casa do Psicólogo, 2005.

DIAS SOBRINHO, J. Modelos de evaluación institucional y políticas de educación superior brasileña en los años noventa: tendencias y tensiones. In: CONSEJO NACIONAL DE ACREDITACIÓN (Ed.). **Educación superior, calidad y acreditación**.Colombia, Bogotá, 2003. Tomo II. p. 133-154.

DIAS SOBRINHO, J. (Org.). **Avaliação institucional da Unicamp**: processo, discussão e resultados. Campinas: Unicamp, 1995.

DIAS, E.; PINTO, F. C. F. Educação e sociedade. **Ensaio: Avaliação e Políticas Públicas em Educação**, v. 27, n. 104, p. 449-455, jul./set. 2019. Disponível em: <https://www.scielo.br/j/ensaio/a/MGwkqfpsmJsgjDcWdqhZFks/?lang=pt#>. Acesso em: 22 jun. 2023.

FERNANDES C. de O.; FREITAS, L. C. **Indagações sobre o currículo**: currículo e avaliação. Brasília: MEC, 2008.

FERRARI, M. Émile Durkheim, o criador da sociologia da educação. **Nova Escola**, 1º out. 2008. Disponível em: <https://novaescola.org.br/conteudo/456/criador-sociologia-educacao>. Acesso em: 4 jul. 2023.

FRAGA, V. F. A postura do professor e as grandes questões humanas nas práticas educacionais. **Cadernos EBAPE.BR**, Rio de Janeiro, v. 5, p. 1-14, jan. 2007. Disponível em: <https://www.scielo.br/j/cebape/a/SnXgSck8VDNt8bF6T4Lzbfh/>. Acesso em: 26 jul. 2023.

FREIRE, P. **Educação e mudança**. Rio de Janeiro: Paz e Terra, 1989.

FREIRE, P. **Pedagogia da autonomia**: saberes necessários à prática educativa. São Paulo: Paz e Terra, 1996.

FREIRE, P. **Pedagogia da autonomia**: saberes necessários à prática educativa. 36. ed. São Paulo: Paz e Terra, 2007.

FREIRE, P. **Pedagogia do oprimido**. 18. ed. Rio de Janeiro: Paz e Terra, 1988.

GARCIA, R. A. G. A Didática Magna: uma obra precursora da pedagogia moderna? **Revista HISTEDBR On-line**, Campinas, n. 60, p. 313-323, dez. 2014. Disponível em: <https://periodicos.sbu.unicamp.br/ojs/index.php/histedbr/article/download/8640563/8122/11126>. Acesso em: 30 jun. 2023.

GOMES, N. L. **Indagações sobre currículo**: diversidade e currículo. Brasília: Ministério da Educação/Secretaria de Educação Básica, 2008.

HERNÁNDEZ, F. **Transgressão e mudança na educação**: os projetos de trabalho. Porto Alegre: Artmed, 1998.

HOFFMANN, J. **Avaliar para promover**: as setas do caminho. Porto Alegre: Mediação, 2001.

HOFFMANN, J. **Avaliar para promover**: as setas do caminho. Porto Alegre: Mediação, 2008.

INEP – Instituto Nacional de Estudos e Pesquisas Educacionais Anísio Teixeira. Disponível em: <https://www.gov.br/inep/pt-br>. Acesso em: 26 jul. 2023.

LIBÂNEO, J. C. **Didática**. São Paulo: Cortez, 1994a.

LIBÂNEO, J. C. **Didática**. 2 ed. São Paulo: Cortez, 2013.

LIBÂNEO, J. C. Didática como campo investigativo e disciplinar e seu lugar na formação de professores no Brasil. In: OLIVEIRA, M. R. N. S.; PACHECO, J. A. (Org.). **Currículo, didática e formação de professores**. São Paulo: Cortez, 1994b. p. 131-166.

LUCKESI, C. C. **Avaliação da aprendizagem escolar**: estudos e proposições. 21. ed. São Paulo: Cortez, 2010.

LUCKESI, C. C. **Avaliação da aprendizagem escolar**: estudos e proposições. 11. ed. São Paulo: Cortez, 2001.

LUCKESI, C. C. **Avaliação da aprendizagem escolar**: estudos e proposições. 12. ed. São Paulo: Cortez, 2002.

LUCKESI, C. C. **Avaliação da aprendizagem escolar**: estudos e proposições. 17. ed. São Paulo: Cortez, 2005a.

LUCKESI, C. C. **Avaliação da aprendizagem na escola**: reelaborando conceitos e recriando a prática. Salvador: Malabares Comunicação e Eventos, 2003.

LUCKESI, C. C. **Avaliação da aprendizagem na escola**: reelaborando conceitos e recriando a prática. 2. ed. Salvador: Malabares Comunicação e Eventos, 2005b.

LUCKESI, C. C. **Avaliação da aprendizagem**: componente do ato pedagógico. São Paulo: Cortez, 2011.

LUCKESI, C. C. O que é mesmo o ato de avaliar a aprendizagem? **Pátio**, n. 12, p. 6-11, fev./mar. 2000. Disponível em: <https://www.nescon.medicina.ufmg.br/biblioteca/imagem/2511.pdf>. Acesso em: 22 ago. 2023.

LUZURIAGA, L. **História da educação e da pedagogia**. São Paulo: Companhia Editora Nacional, 2001.

MACEDO, L. de. **Avaliação na educação**. Porto Alegre: Artmed, 2007.

MACEDO, S. M. F. et. al. A diversidade cultural: desafio para a avaliação da aprendizagem na escola. In: CONGRESSO NACIONAL DE EDUCAÇÃO – CONEDU, 3., 2016. **Anais**... Campina Grande: Realize, 2016. Disponível em: <https://www.editorarealize.com.br/editora/anais/conedu/2016/TRABALHO_EV056_MD1_SA3_ID766_17082016111319.pdf>. Acesso em: 4 jul. 2023.

MANNHEIM, K. **Conservative Thought**. New York: Oxford University Press, 1971.

MARIN, M.; BRAUN, P. Avaliação da aprendizagem em contextos de inclusão escolar. **Revista Educação Especial**, Santa Maria, v. 31, n. 63, p. 1009-1024, out./dez. 2018. Disponível em: <https://periodicos.ufsm.br/educacaoespecial/article/view/33103>. Acesso em: 3 jul. 2023.

MARTINS, P. L. O. **Didática**. Curitiba: Ibpex, 2008.

MARX, K. **O capital**. 19. ed. Rio de Janeiro: Civilização Brasileira, 2011. Livro 1. v. 1.

MAUÉS, O. C. **As políticas educacionais e o sistema de avaliação**. In: SIMPÓSIO BRASILEIRO, 25.; CONGRESSO IBERO-AMERICANO DE POLÍTICA E ADMINISTRAÇÃO DA EDUCAÇÃO, 2., 2011, São Paulo. **Cadernos ANPAE**. São Paulo: ANPAE, 2011. v. 11. Disponível em: <https://www.anpae.org.br/simposio2011/cdrom2011/PDFs/trabalhosCompletos/comunicacoesRelatos/0430.pdf>. Acesso em: 26 jun. 2023.

MIQUELANTE, M. A. et al. As modalidades da avaliação e as etapas da sequência didática: articulações possíveis. **Trabalhos em Linguística Aplicada**, Campinas, v. 56, n. 1, p. 259-299, jan./abr. 2017. Disponível em: <https://www.scielo.br/j/tla/a/yK3TRnr6jh4Zcn7vDgVsZvJ/?lang=pt&format=pdf>. Acesso em: 4 jul. 2023.

NOÉ, A. A relação educação e sociedade: os fatores sociais que intervêm no processo educativo. **Avaliação: Revista da Avaliação da Educação Superior**, Campinas, v. 5, n. 3, p. 21-26, set. 2000. Disponível em <https://periodicos.uniso.br/avaliacao/article/view/1109/1104>. Acesso em: 17 ago. 2023.

OLIVEIRA, G. B. T. de. O processo avaliativo: um estudo sobre sua importância e suas contribuições para a educação. In: CONGRESSO NACIONAL DE EDUCAÇÃO – CONEDU, 6., 2019, Fortaleza. **Anais**... Campina Grande: Realize, 2019. Disponível em: <https://editorarealize.com.br/editora/anais/

conedu/2019/TRABALHO_EV127_MD1_SA2_ID1064_16092019183049. pdf>. Acesso em: 17 ago. 2023.

OLIVEIRA, M. H. B. Sociedade Camponesa: "O Sistema Educativo Ofertado e o de Direito e Almejado". **Revista Gestão Universitária**, 20 jul. 2015. Disponível em: <http://gestaouniversitaria.com.br/artigos/sociedade-camponesa-o-sistema-educativo-ofertado-e-o-de-direito-e-almejado>. Acesso em: 25 jul. 2023.

OLIVEIRA, A.; APARECIDA, C.; SOUZA, G. M. R. Avaliação: conceitos em diferentes olhares, uma experiência vivenciada no curso de pedagogia. In: EDUCERE, 14., 2008, Curitiba. **Anais**... Curitiba, 2008. p. 2383-2397. Disponível em: <https://docplayer.com.br/9830721-Avaliacao-conceitos-em-diferentes-olhares-uma-experiencia-vivenciada-no-curso-de-pedagogia.html#google_vignette>. Acesso em: 26 jul. 2023.

PARANÁ. Secretaria da Educação. **Inclusão educacional**. Disponível em: <http://www.gestaoescolar.diaadia.pr.gov.br/modules/conteudo/conteudo.php?conteudo=282>. Acesso em: 3 jul. 2023.

PARANÁ. Secretaria de Educação e do Esporte. **Referencial Curricular para o Ensino Médio do Paraná**. 2021. Disponível em: <https://www.educacao.pr.gov.br/sites/default/arquivos_restritos/files/documento/2021-08/referencial_curricular_novoem_11082021.pdf>. Acesso em: 30 jun. 2023.

PERRENOUD, P. **Avaliação**: da excelência à regulação das aprendizagens. Porto Alegre: Artmed, 1999.

RAPHAEL, H. S. Avaliação: questão técnica ou política? **Estudos em Avaliação Educacional**, n. 12, p. 33-43, dez. 1995. Disponível em: <http://educa.fcc.org.br/scielo.php?script=sci_arttext&pid=S0103-68311995000200004>. Acesso em: 17 ago. 2023.

SAUL, A. M. **Avaliação emancipatória**: desafio à teoria e à prática da avaliação e reformulação de currículo. São Paulo: Cortez, 1988.

SANT'ANNA, I. M. **Por que avaliar? Como avaliar?** Critérios e instrumentos. 4. ed. Petrópolis: Vozes, 1995.

SANTOS, A. Complexidade e transdisciplinaridade em educação: cinco princípios para regatar o elo perdido. In: SANTOS, A.; SOMMERMAN, A. (Org.). **Complexidade e transdisciplinaridade**: em busca da totalidade perdida. São Paulo: Sulina, 2009. p. 15-38.

SANTOS, A.; SANTOS, A. C. S. dos; SOMMERMAN, A. Conceitos e práticas transdisciplinares na educação. In: SANTOS, A.; SOMMERMAN, A. (Org.). **Complexidade e transdisciplinaridade**: em busca da totalidade perdida. São Paulo: Sulina, 2009. p. 61-98.

SAVIANI, D. Modo de produção e a pedagogia histórico-crítica. **Germinal**, Londrina, v. 1, n. 1, p. 110-116, jun. 2009. Entrevista concedida a Maria de Fátima Rodrigues Pereira e Elza Margarida de Mendonça Peixoto. Disponível em: <https://periodicos.ufba.br/index.php/revistagerminal/article/view/9844/7129>. Acesso em: 17 ago. 2023.

SAVIANI, D. **Escola e democracia**. 43. ed. Campinas: Autores Associados, 2018a.

SAVIANI, D. **Pedagogia histórico-crítica**: primeiras aproximações. 9. ed. Campinas: Autores Associados, 2005.

SAVIANI, D. **Sistema Nacional de Educação e Plano Nacional de Educação**: significado, controvérsias e perspectivas. 2. ed. rev. e ampl. Campinas, SP: Autores Associados, 2018b. (Coleção Polêmicas do Nosso Tempo).

SILVEIRA, D. V. **Avaliação da aprendizagem dos conteúdos escolares**: concepções, tendências e problematizações. 2019. (Dissertação – Mestrado em Educação). Universidade Estadual de Maringá, 2019. Disponível em: <https://docplayer.com.br/171060860-Avaliacao-da-aprendizagem-dos-conteudos-escolares-concepcoes-tendencias-e-problematizacoes.html>. Acesso em: 26 jul. 2023.

SIMONS, H. Avaliação e reforma das escolas. In: ESTRELA, A.; NÓVOA, A. (Org.). **Avaliações em educação**: novas perspectivas. Porto: Porto, 1993. p. 57-70.

SMARJASSI, C.; ARZANI, J. H. As políticas públicas e o direito à educação no Brasil: uma perspectiva histórica. **Educação Pública**, v. 21, n. 15, 2021. Disponível em: <https://educacaopublica.cecierj.edu.br/artigos/21/15/as-politicas-publicas-e-o-direito-a-educacao-no-brasil-uma-perspectiva-historica>. Acesso em: 23 jun. 2023.

SOARES, M. **Alfabetização e letramento**. São Paulo: Contexto, 2018.

SOBRAL, A. C. da S.; SALVINO, F. P. Avaliação e progressão continuada: implicações ao processo de ensino e aprendizagem. In: SILVEIRA, A.; SILVA, E. (Org.). **Cotidiano escolar e práticas pedagógicas**. Campina Grande: EDUEPB, 2015. p. 217-244.

UNESCO. **Declaração de Salamanca**: sobre princípios, políticas e práticas na área das necessidades educativas especiais. 1994. Disponível em: <http://portal.mec.gov.br/seesp/arquivos/pdf/salamanca.pdf>. Acesso em: 4 jul. 2023.

VASCONCELLOS, C. dos S. **A construção do conhecimento em sala de aula**. São Paulo: Libertad, 1994a. (Cadernos Pedagógicos do Libertad, 2).

VASCONCELLOS, C. dos S. **Disciplina**: construção da disciplina consciente e interativa em sala de aula e na escola. São Paulo: Libertad, 1994b.

VILANOVA, J. de F.; SILVA, G. da. A avaliação da aprendizagem no contexto escolar: a visão dos professores. In: CONGRESSO NACIONAL DE EDUCAÇÃO – CONEDU, 6., 2019, Fortaleza. **Anais**... Campina Grande: Realize, 2019. Disponível em: <https://editorarealize.com.br/editora/anais/conedu/2019/TRABALHO_EV127_MD1_SA2_ID6479_25072019151013.pdf>. Acesso em: 26 jul. 2023.

ZABALA, A. **A prática educativa**: como ensinar. Porto Alegre: Artmed, 1998.

Bibliografia comentada

HOFFMANN, J. **Avaliação mediadora**: uma prática em construção da pré-escola à universidade. 18. ed. Porto Alegre: Mediação, 2005.

Nesse livro, Jussara Hoffmann nos traz uma abordagem da questão de como avaliar um aluno. Quais os meios e maneiras? Será que avaliar se resume a um único momento? Para a autora, existem duas premissas fundamentais: o aluno constrói suas verdades e valoriza manifestações e interesses e, por isso, devemos considerar seus pensamentos e suas ideias. Essa obra trata também do diálogo entre professor e aluno como um indicador de aprendizagem, em um processo que promove a troca de informações.

LIBÂNEO, J. C. **Didática**. São Paulo: Cortez, 1994.

Nessa obra, a didática é tratada como ramo de estudo da pedagogia. Parte dos vínculos entre as finalidades sociopolíticas e pedagógicas e as bases teórico-científicas e técnicas da direção do processo de ensino e aprendizagem. O autor propõe o estudo sistemático da didática como teoria do processo de ensino, de modo a unir a preparação teórica e prática na formação profissional do professor.

LUCKESI, C. C. **Avaliação da aprendizagem**: componente do ato pedagógico. São Paulo: Cortez, 2011.

Essa obra muito valorosa apresenta estudos críticos sobre avaliação da aprendizagem escolar, bem como proposições para torná-la mais viável e construtiva. No decorrer do livro, o autor nos explica que o educando não vai para a escola para ser submetido a um processo seletivo, e sim para aprender. Interessa, portanto, um sistema escolar em que o educando aprenda, e não aquele em que ele seja meramente reprovado. Cipriano Carlos Luckesi acredita no potencial da avaliação como elemento do processo de construção da aprendizagem.

LUCKESI, C. C. **Avaliação em educação**: questões epistemológicas e práticas. Salvador: Cortez, 2018.

Essa obra aborda a avaliação sob a ótica da aprendizagem institucional e de larga escala. O livro é estruturado em nove capítulos. Os dois primeiros são dedicados às questões epistemológicas do ato de avaliar e do uso de seus resultados; os cinco capítulos subsequentes enfocam a avaliação da aprendizagem; o penúltimo capítulo é voltado à avaliação institucional e de larga escala na educação brasileira; e o último, para além de todas as compreensões, trata do educador e de seu papel no ensinar-aprender.

SAVIANI, D. **Escola e democracia**. 43. ed. Campinas: Autores Associados, 2018.

Essa obra versa sobre as relações entre educação e democracia. Dermeval Saviani explicita que é razoável supor que não se ensina democracia por meio de práticas antidemocráticas, mas que nem por isso devemos inferir que a democratização das relações internas da escola é condição suficiente para preparar jovens para a participação ativa na sociedade. Não se trata simplesmente de optar entre relações autoritárias ou democráticas no interior da sala de aula, mas de articular o trabalho desenvolvido nas escolas com o processo de democratização da sociedade.

Respostas

Capítulo 1

Atividades de autoavaliação

1. a
2. b
3. c
4. d
5. e

Capítulo 2

Atividades de autoavaliação

1. a
2. b
3. c
4. d
5. e

Capítulo 3

Atividades de autoavaliação

1. a
2. b
3. a
4. d
5. e

Capítulo 4

Atividades de autoavaliação

1. a
2. b
3. c
4. d
5. e

Capítulo 5

Atividades de autoavaliação

1. a
2. b
3. c
4. d
5. e

Capítulo 6

Atividades de autoavaliação

1. a
2. b
3. c
4. d
5. e

Sobre a autora

Rita de Cássia Turmann Tuchinski é mestra em Educação e Novas Tecnologias pelo Centro Universitário Internacional Uninter; especialista em Formação Docente para EaD pela mesma instituição e em Gestão e Liderança Educacional pela FAE Centro Universitário; e licenciada em Pedagogia pela Faculdade Educacional da Lapa (Fael). É professora e tutora do curso de Pedagogia do Centro Universitário Internacional Uninter, das disciplinas de Estágio Supervisionado, Administração Pedagógica e Instrumentos Legais, Projeto Integrador, Paradigmas Educacionais Contemporâneos, Educação Permanente, Metodologias para Adultos na EJA, Projetos Interdisciplinares em Ciências Exatas e Naturais e Avaliação, Educação e Sociedade.

Os papéis utilizados neste livro, certificados por instituições ambientais competentes, são recicláveis, provenientes de fontes renováveis e, portanto, um meio responsável e natural de informação e conhecimento.

FSC
www.fsc.org
MISTO
Papel | Apoiando o manejo florestal responsável
FSC® C103535

Impressão: Reproset